Outlook 365

Beatriz Coronado García

ic editorial

Outlook 365
© Beatriz Coronado García

1ª Edición

© IC Editorial, 2026

Editado por: IC Editorial
c/ Cueva de Viera, 2, Local 3
Centro Negocios CADI
29200 Antequera (Málaga)
Teléfono: 952 70 60 04
Fax: 952 84 55 03
Correo electrónico: iceditorial@iceditorial.com
Internet: www.iceditorial.com

ISBN: 979-13-7027-121-3
Depósito Legal: MA 70-2026

Impresión: PODiPrint
Impreso en Andalucía – España

Nota de la editorial: IC Editorial pertenece a Innovación y Cualificación S. L.

Índice

OBJETIVOS GENERALES

Los objetivos generales del título **Outlook 365,** son los siguientes:

- ➲ Conocer el entorno de trabajo y la interfaz de la aplicación.
- ➲ Enviar correos, adjuntar archivos y crear firmas.
- ➲ Configurar una cuenta de correo en MS Outlook.
- ➲ Organizar el correo en carpetas; formas de ordenar y visualizar correos.
- ➲ Manejar la libreta de direcciones.
- ➲ Crear grupos de contactos y listas de distribución.
- ➲ Administrar el buzón de forma eficaz; creación de reglas.
- ➲ Gestionar citas y reuniones con el calendario.
- ➲ Utilizar la agenda: tareas y notas.
- ➲ Trabajar con seguridad en Outlook; operaciones avanzadas de correo.

Entorno de trabajo y gestión del correo electrónico

Contenido

Objetivos

Los objetivos generales de esta Unidad de Aprendizaje son:

→ Conocer el entorno de trabajo y la interfaz de la aplicación.

→ Enviar correos, adjuntar archivos y crear firmas.

→ Configurar una cuenta de correo en *Microsoft* Outlook.

Los objetivos específicos de esta Unidad de Aprendizaje son:

→ Identificar los elementos básicos de la interfaz de *Microsoft* Outlook.

→ Personalizar la vista del entorno de trabajo.

→ Configurar una cuenta de correo electrónico en Outlook.

→ Redactar correos electrónicos claros y funcionales.

→ Insertar archivos adjuntos en los mensajes.

→ Crear firmas personalizadas en los correos.

1. Introducción

Microsoft Outlook es una de las aplicaciones más utilizadas en el ámbito profesional y educativo para la gestión del correo electrónico, contactos, calendario y tareas. Su integración con otras herramientas de *Microsoft 365* lo convierte en un recurso esencial para la organización del trabajo diario, facilitando la comunicación, la planificación y la productividad de equipos y personas.

En esta unidad exploraremos el entorno de trabajo de Outlook, desde su configuración inicial hasta el envío y organización de correos electrónicos. Conoceremos cómo estructurar la Bandeja de entrada, cómo crear carpetas y reglas automáticas, y de qué manera se pueden gestionar contactos, citas y reuniones para coordinarse de forma eficaz con compañeros y grupos de trabajo.

A lo largo de esta unidad seguiremos a Clara y a Javier, responsables de un proyecto en una pequeña empresa tecnológica. Clara, más enfocada en la parte técnica, configura cuentas, ajusta la seguridad del correo y utiliza funciones avanzadas de productividad. Javier, orientado a la gestión administrativa, aprende a organizar el buzón, crear grupos de contactos y programar reuniones. Juntos descubrirán cómo Outlook puede convertirse en la herramienta central de su día a día, asegurando que toda la comunicación y la información estén siempre disponibles y organizadas.

2. Conocer la interfaz de *Microsoft* Outlook y sus componentes principales

☞ HILO CONDUCTOR

En el inicio del proyecto, Javier abre Outlook y observa la pantalla con curiosidad. Clara, que domina la parte técnica, le muestra cómo está organizada la aplicación: el panel de carpetas a la izquierda, la Bandeja de entrada en el centro y el panel de lectura a la derecha. Con esa explicación, Javier empieza a reconocer las zonas principales y se siente más cómodo. Incluso prueba a personalizar la vista para que solo aparezcan las carpetas que necesita en su trabajo diario.

Microsoft Outlook es una aplicación que combina correo electrónico, calendario, contactos y tareas en una única interfaz.

NOTA

Su principal ventaja es que permite centralizar todas las comunicaciones y la organización del trabajo en un mismo lugar.

El término Outlook puede hacer referencia a distintas versiones o formas de uso, según el contexto:

Outlook para escritorio	- Es parte de *Microsoft Office* o *Microsoft 365*. Es la versión más completa, instalada directamente en el ordenador, y está pensada para un uso profesional.
Outlook Web (Outlook.com)	- Es la versión basada en navegador. Es gratuita y se puede acceder a ella desde cualquier dispositivo con conexión a internet.
La *app* móvil de Outlook	- Está disponible para dispositivos *iOS* y *Android*. Permite gestionar correos electrónicos, calendario y contactos desde el teléfono o desde la *tablet*.
Outlook en *Windows Mail*	- Es una integración dentro de la aplicación de correo en *Windows*, con funciones más básicas que las otras versiones.

En este contenido trabajaremos con la versión de escritorio.

Outlook para Windows se descarga desde Microsoft Store

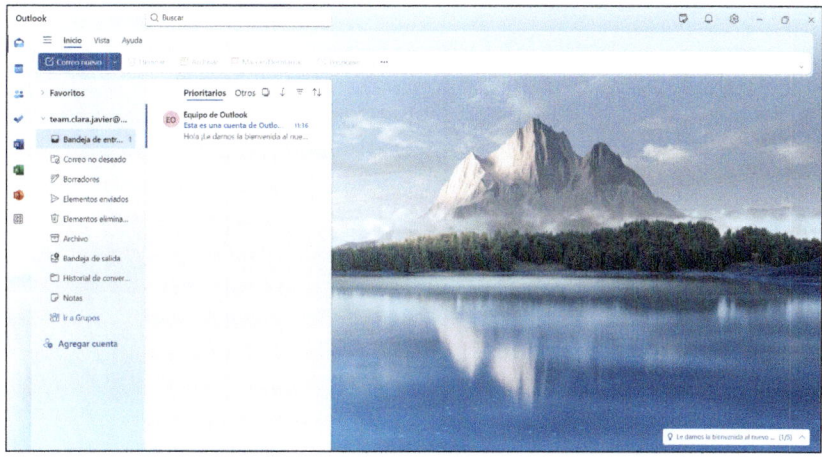

La interfaz de Outlook organiza la Bandeja de entrada y facilita el acceso a los correos y carpetas principales.

Cuando abrimos Outlook, la pantalla se divide en varias áreas principales:

➲ **Barra superior.** Contiene el menú, con pestañas como **Inicio, Vista** y **Ayuda,** además de accesos a funciones rápidas (crear un nuevo correo, buscar, notificaciones, configuración, etc.):

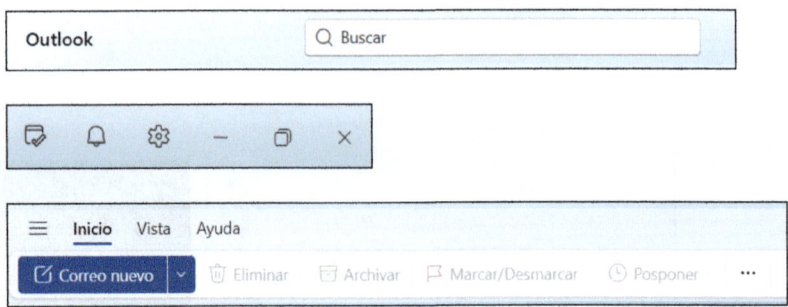

➲ **Panel de navegación lateral izquierdo.** Muestra las cuentas de correo configuradas y las carpetas principales (Bandeja de entrada, Borradores, Elementos enviados, Eliminados, Archivo...):

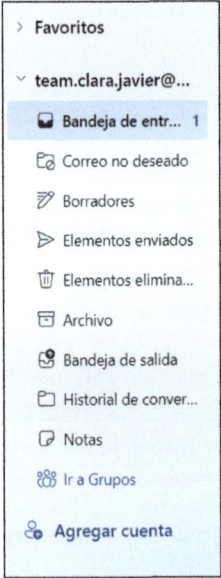

También permite acceder a otras aplicaciones de *Microsoft 365 (Word, Excel, PowerPoint)* y ofrece la opción de agregar una cuenta:

➲ **Lista de mensajes (zona central izquierda).** Presenta los correos recibidos en la carpeta seleccionada. En este caso, se ve el mensaje de bienvenida del equipo de Outlook:

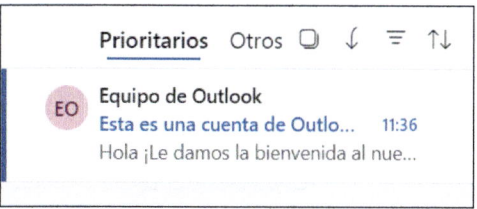

Se divide en **Prioritarios** y **Otros,** para ayudar a organizar la Bandeja de entrada:

● **Panel de lectura o vista previa (zona central derecha).** Muestra el contenido del correo seleccionado sin necesidad de abrirlo en una nueva ventana:

Una de las ventajas de Outlook es que se puede adaptar la vista de trabajo según las necesidades:

● **Cambiar la posición del panel de lectura.** En la parte superior, selecciona la pestaña **Vista:**

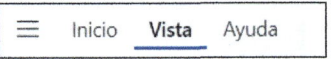

Haz clic en **Configuración de vista:**

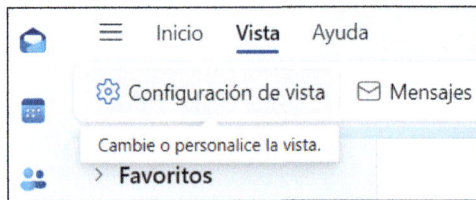

Ve a **Panel de lectura:**

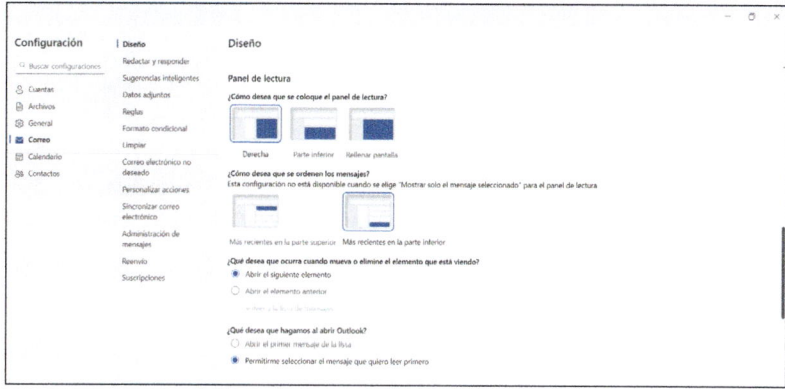

Elige la ubicación que prefieras: derecha, inferior o desactivado.

- Derecha: muestra el contenido del correo al lado de la lista de mensajes.
- Inferior: aparece debajo de la lista.
- Desactivado: oculta la vista previa.

➲ **Ajustar la densidad de los mensajes (vista compacta o completa).** Ve a la pestaña **Vista.** Selecciona **Densidad.** Elige entre:

Amplio:

- Muestra más espacio entre los mensajes, con una vista más clara y cómoda para leer.
- Ideal si prefieres que cada correo se vea con detalle (remitente, asunto, vista previa).

Medio:

- Reduce un poco el espaciado, permitiendo ver más correos en pantalla sin que se vea tan cargado.
- Es un equilibrio entre legibilidad y cantidad de mensajes visibles.

Compacta:

- Minimiza el espacio entre mensajes, mostrando la mayor cantidad posible en la lista.
- Resulta útil si recibes muchos correos y necesitas revisar rápidamente sin hacer demasiado *scroll*.

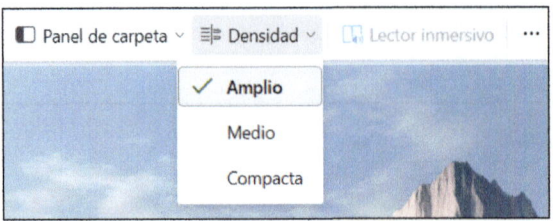

⮕ **Seleccionar qué carpetas se muestran en Favoritos.** Haz clic derecho sobre la carpeta que quieras añadir (por ejemplo, Bandeja de salida o Archivo). Selecciona **Agregar a favoritos:**

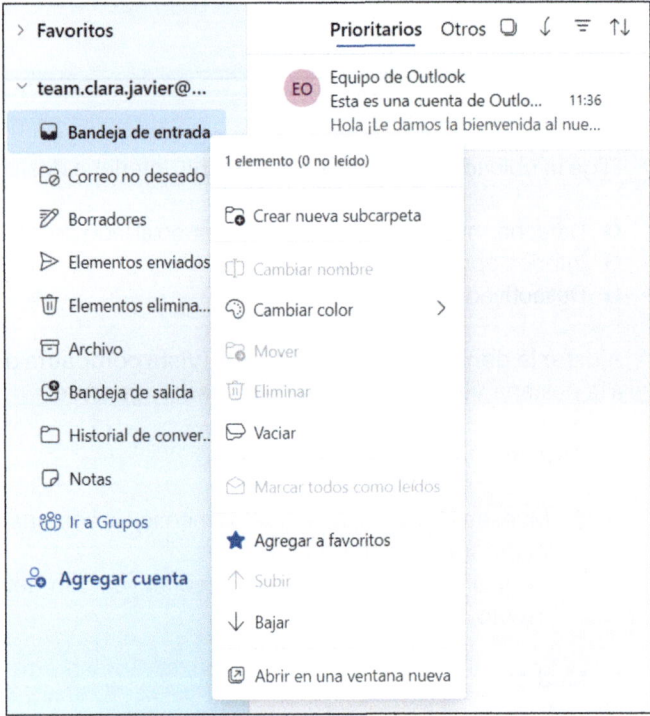

Para quitarla, repite el proceso y elige **Quitar de favoritos:**

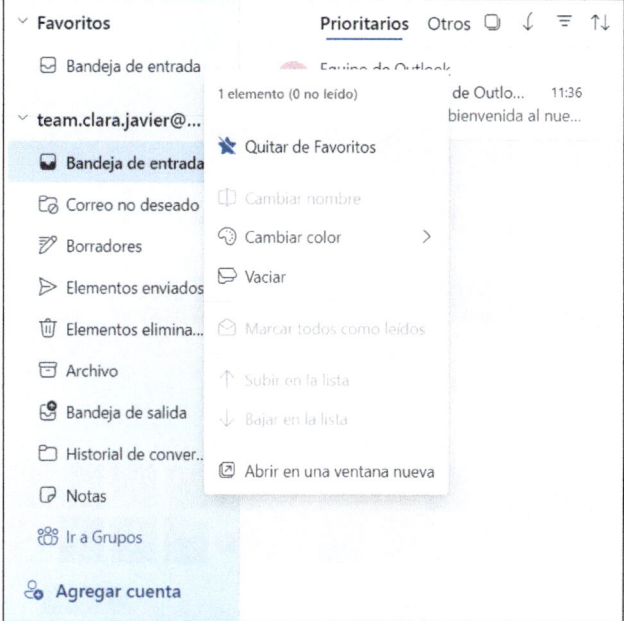

➲ **Aplicar temas de color para mejorar la visibilidad.** Pulsa el icono **Configuración** (rueda dentada, arriba a la derecha). En el menú lateral que aparece, selecciona **General.** Ve a la sección *Apariencia:*

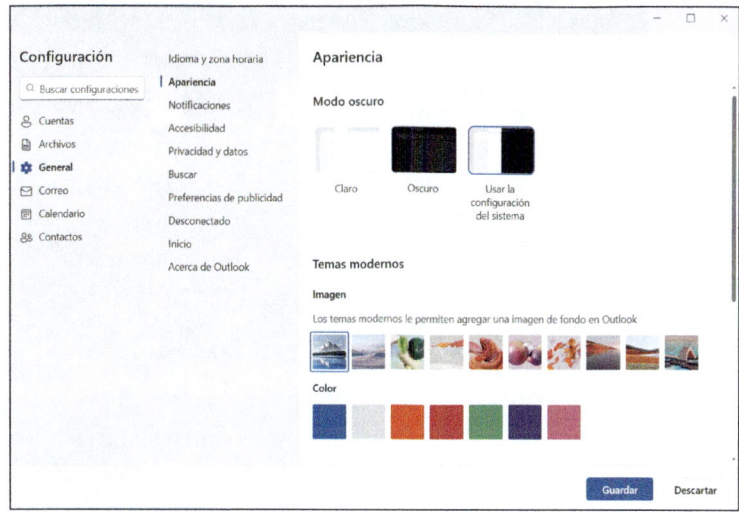

Escoge el color o el diseño que prefieras:

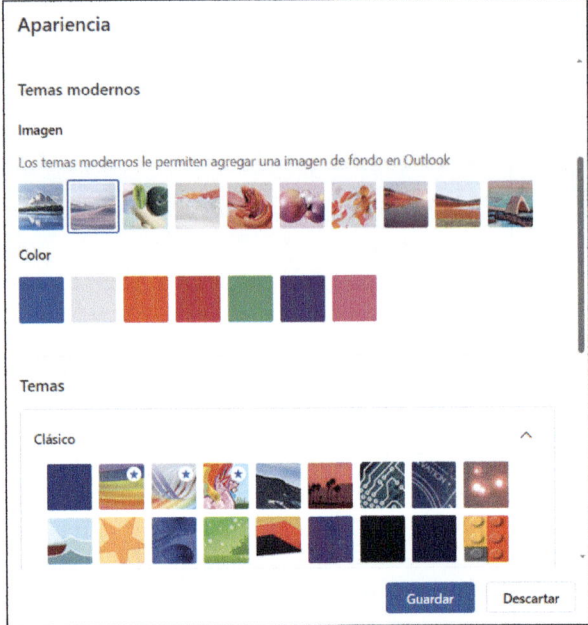

Si deseas, activa el modo oscuro para una mayor comodidad visual:

 **TAREA 1**

María acaba de incorporarse a la empresa Nafarroa Consulting y necesita organizar su correo en Outlook para el trabajo diario. Su compañero Iker, que ya domina la herramienta, le enseña cómo está estructurada la aplicación y le pide que realice una serie de tareas para dejar la interfaz configurada a su gusto.

Tus tareas son las siguientes:

- Configurar la posición del panel de lectura eligiendo la opción **Inferior.**
- Ajustar la densidad de los mensajes seleccionando la vista compacta.
- Añadir Bandeja de entrada, Enviados y Archivo a la lista de favoritos.
- Cambiar el color del tema desde configuración.
- Activar el modo oscuro.

¿Cómo lo harías?

---

3. Configuración inicial de cuentas de correo electrónico

 HILO CONDUCTOR

Para poder centralizar el trabajo del equipo, Clara se encarga de configurar la cuenta corporativa de Outlook. Introduce la dirección y la contraseña y, en pocos segundos, la aplicación reconoce los parámetros del servidor. Javier observa cómo se completa el proceso y comprende la importancia de esta configuración: a partir de ahora podrá gestionar todos sus correos directamente desde Outlook sin necesidad de abrir el navegador.

Para poder utilizar Outlook como herramienta central de comunicación, es necesario **configurar al menos una cuenta de correo electrónico.** Esto permite enviar y recibir mensajes desde la aplicación sin depender del navegador.

Outlook admite diferentes tipos de cuentas, lo que facilita centralizar la gestión de mensajes, contactos y calendarios. Entre las principales opciones se encuentran:

- **Microsoft 365** / **Outlook.com.** Cuentas asociadas a *Microsoft,* como Outlook.com, *Hotmail, Live* o *MSN.* Se sincronizan de forma completa con calendario, contactos y *OneDrive.*
- **Gmail (Google).** Permite añadir tu cuenta de *Google* y acceder al correo, los contactos y el calendario directamente desde Outlook.
- **Yahoo Mail.** Se integra para gestionar correos de *Yahoo* sin necesidad de abrir el navegador.
- **iCloud (Apple).** Outlook puede conectarse con cuentas de *Apple* para consultar correos y sincronizar agenda.
- **IMAP y POP.** Opciones de configuración manual utilizadas en servidores de correo de empresas o proveedores específicos.

  - IMAP: mantiene los mensajes sincronizados en todos los dispositivos.
  - POP: descarga los correos en el equipo, sin mantener la sincronización.

Outlook normalmente reconoce los parámetros de configuración de la cuenta en cuanto escribes la dirección de correo electrónico y la contraseña.

Esto funciona muy bien con los proveedores más habituales, como *Microsoft 365,* Outlook.com, *Gmail, Yahoo* o *iCloud,* ya que sus servidores están preconfigurados en la aplicación.

Sin embargo, en ciertos casos es necesario introducir los datos de forma manual:

Cuentas de empresa
- Cuando se trata de cuentas de empresa con servidores propios.

Proveedores menos conocidos
- Si se usa un proveedor menos conocido que no está en la lista automática de Outlook.

Parámetros de seguridad concretos
- Cuando la organización exige parámetros de seguridad específicos (puertos, cifrado TLS/SSL, etc.).

Configuraciones con POP o IMAP
- En cuentas configuradas con POP o IMAP en lugar de *Exchange/Microsoft 365.*

El proceso para configurar una cuenta en Outlook (versión moderna de *Windows 11)* es el siguiente:

➲ **Acceder a la configuración de cuentas.**

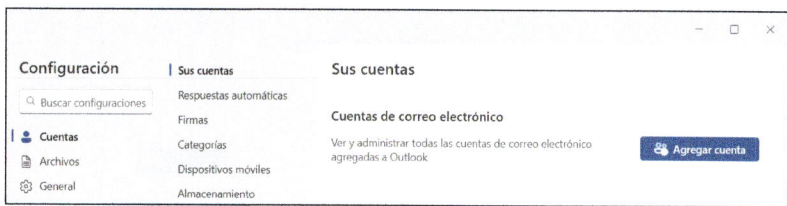

◑ En el menú Configuración, selecciona Cuentas → Sus cuentas.
◑ Haz clic en Agregar cuenta.

➲ **Elegir el tipo de cuenta:**

◑ Outlook admite varios servicios: *Microsoft 365, Gmail, Yahoo, iCloud,* IMAP y POP.
◑ Selecciona la opción que corresponda.

➲ **Introducir la dirección de correo:**

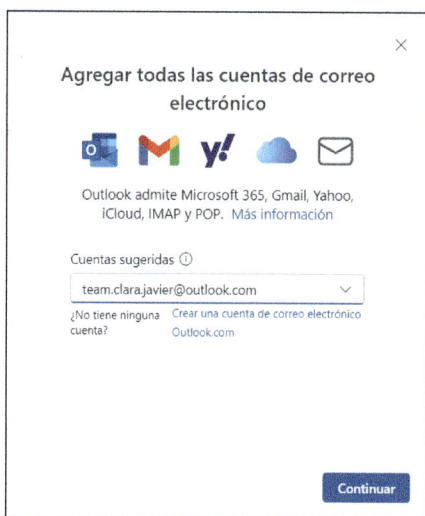

◑ Escribe tu dirección de correo electrónico (por ejemplo, team.clara. javier@outlook.com).
◑ Haz clic en **Continuar.**

➲ **Escribir la contraseña.**

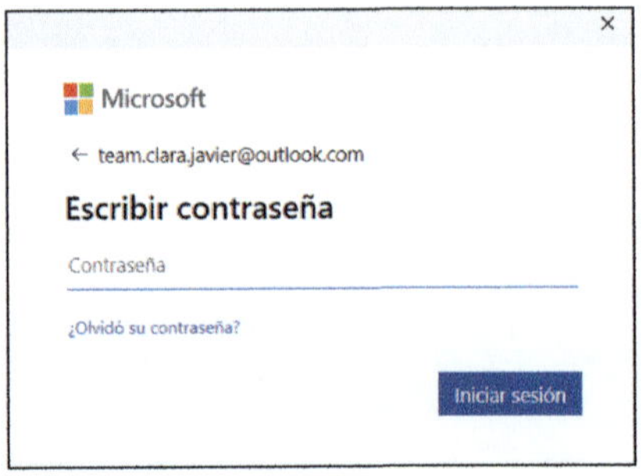

- En la ventana emergente de *Microsoft,* introduce la contraseña de la cuenta.
- Pulsa **Iniciar sesión.**

➲ **Verificación de seguridad:**

- Si tienes activado *Windows Hello* (pin, huella o reconocimiento facial), Outlook te pedirá confirmarlo:

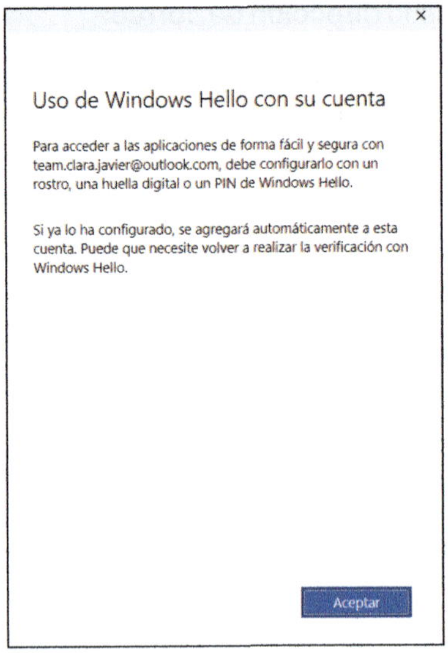

☉ Escribe tu pin de *Windows* o valida con tu método de seguridad:

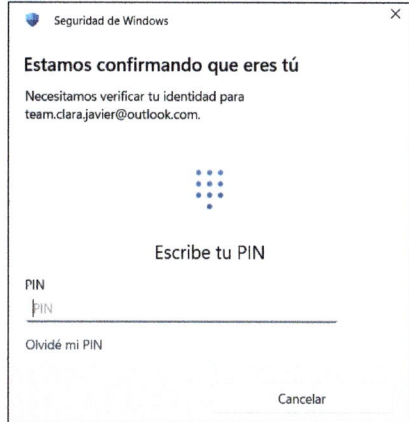

➲ **Confirmar inicio de sesión.**

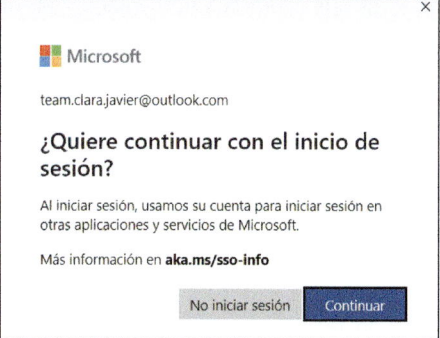

☉ *Microsoft* puede mostrar un aviso preguntando si quieres usar esa cuenta para iniciar sesión en otras aplicaciones.
☉ Haz clic en **Continuar.**

⊃ **Finalizar la configuración.**

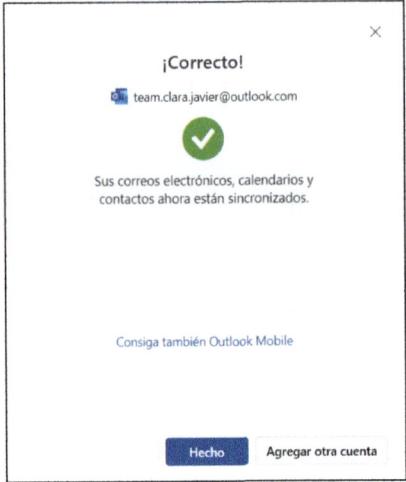

⊍ Si todo es correcto, aparecerá un mensaje de confirmación: "¡Correcto! Sus correos electrónicos, calendarios y contactos ahora están sincronizados".

⊍ Pulsa en **Hecho** para terminar o en **Agregar otra cuenta** si quieres configurar más de una.

 ## ACTIVIDAD COMPLEMENTARIA

1. Investiga cómo se configurará una cuenta de correo electrónico en Outlook y analiza qué ventajas ofrece centralizar todos los servicios en una sola aplicación.

   ¿En qué situaciones es necesario introducir los parámetros de configuración manualmente y por qué?

   ¿Qué ventajas ofrece centralizar todos los servicios (correo, calendario, contactos, almacenamiento en la nube) en una sola aplicación como Outlook?

4. Enviar, responder y reenviar correos: adjuntos, firmas y formatos

☞ HILO CONDUCTOR

Con la cuenta ya configurada, Javier necesita enviar un informe al equipo de trabajo. Redacta un correo sencillo, pero Clara le recuerda que un buen mensaje debe tener un asunto claro y un texto breve y directo. Después, le muestra cómo adjuntar el archivo del informe para que llegue completo. Finalmente, configuran juntos una firma personalizada con sus datos de contacto, lo que da a cada mensaje un aspecto mucho más profesional.

- -

El correo electrónico es la función principal de Outlook y la que más se utiliza en el día a día. Dominar su uso implica redactar un mensaje, organizarlo con claridad, adjuntar documentos y añadir una firma profesional:

○ **Redactar un nuevo correo:**

ᴓ Selecciona **Correo nuevo** en la pestaña **Inicio:**

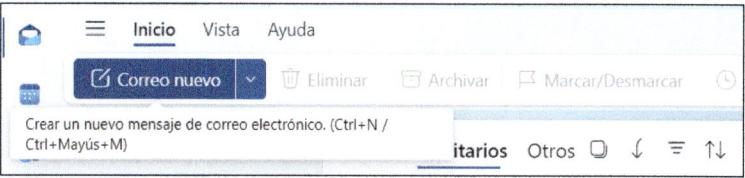

Los elementos básicos son:

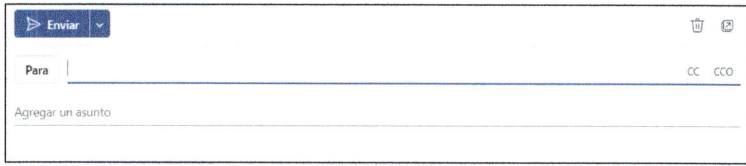

⇕ Para: dirección del destinatario principal del mensaje.
⇕ CC (con copia): se utiliza para enviar una copia del correo a otras personas que deben estar informadas.
⇕ CCO (con copia oculta): igual que CC, pero los destinatarios no pueden ver quién más recibió la copia.
⇕ Asunto: título o tema del correo, breve y claro.
⇕ Cuerpo del mensaje: espacio donde se escribe el contenido del correo.

⮑ **Responder y reenviar correos:**

⟳ **Responder:** contestar solo al remitente.

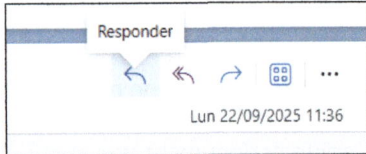

⟳ **Responder a todos:** incluir al remitente y a los destinatarios en copia.

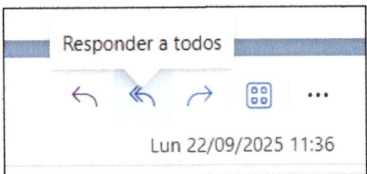

⟳ **Reenviar:** enviar el mismo mensaje a otra persona, pudiendo añadir comentarios propios.

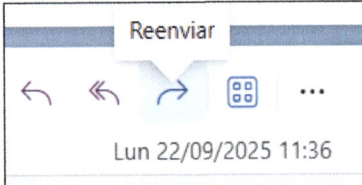

➲ **Insertar archivos adjuntos:**

　　❂ Botón **Insertar** y **Adjuntar archivo:**

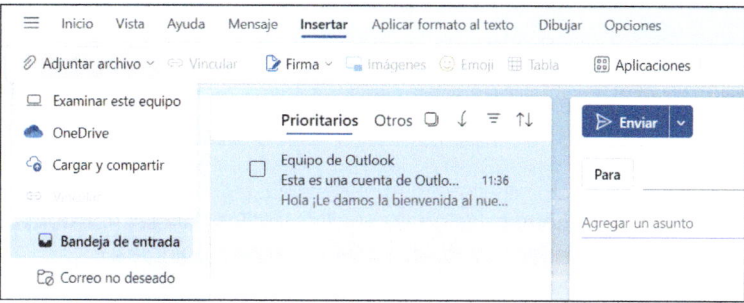

　　❂ Permite añadir documentos, imágenes o cualquier archivo necesario.
　　❂ Es recomendable comprobar el tamaño y el formato del archivo antes de enviarlo.

➲ **Crear firmas personalizadas:**

　　❂ Ruta: **Configuración → Cuentas → Firmas.**

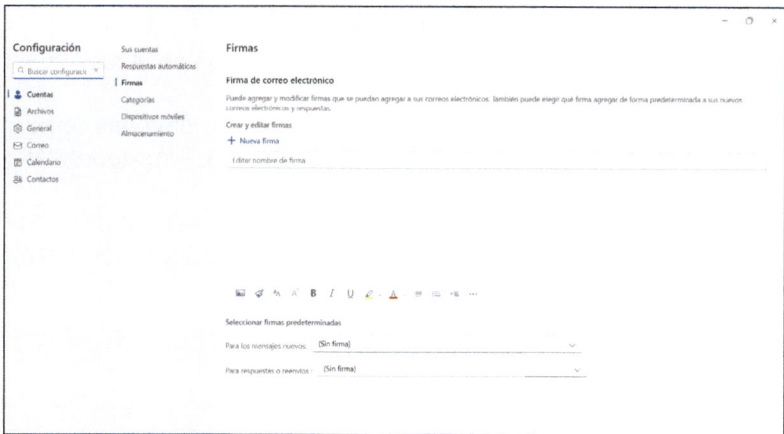

　　❂ Se pueden crear varias firmas (por ejemplo, una formal y otra breve).

◔ Para insertarlas en un correo específico hay que dirigirse a la opción **Insertar** y seleccionar la firma elegida:

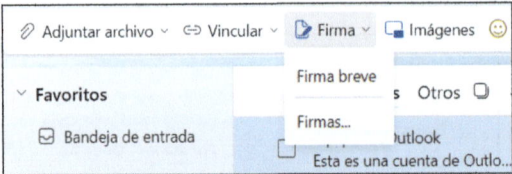

Algunas recomendaciones sencillas y útiles para escribir correos en Outlook (o en cualquier servicio de correo) son las siguientes:

⊃ Usa un asunto claro y breve: ayuda al destinatario a identificar de qué trata el mensaje de un vistazo.

⊃ Empieza con un saludo adecuado: personaliza según la confianza (por ejemplo: "Buenos días", "Estimado/a", "Hola").

⊃ Ve al grano: escribe de forma clara y directa, evitando párrafos demasiado largos.

⊃ Cuida la ortografía y el tono: transmite profesionalidad y evita malentendidos.

⊃ Usa párrafos cortos y bien organizados: facilita la lectura en ordenador y móvil.

⊃ Revisa los destinatarios en Para, CC y CCO: asegúrate de que cada persona recibe la copia adecuada.

⊃ Adjunta archivos correctamente: menciona en el texto que incluyes el adjunto para que no pase desapercibido.

⊃ Evita escribir en mayúsculas: en internet se interpreta como gritar.

⊃ Incluye una despedida cordial: por ejemplo: "Un saludo", "Atentamente", "Muchas gracias".

⊃ Revisa el correo antes de enviarlo: comprueba errores, adjuntos y si la información es completa.

 **RECUERDA**

Outlook va mucho más allá del correo electrónico: incorpora calendario, gestor de tareas y contactos, además de conectarse con *Teams*, *OneDrive* y otras aplicaciones de *Microsoft 365*. Más que un servicio de *e-mail*, funciona como un completo entorno de productividad.

APLICACIÓN PRÁCTICA

El correo electrónico en Outlook permite no solo enviar y recibir mensajes, sino también adjuntar documentos, responder adecuadamente y personalizar la comunicación con firmas.

¿Cuál de las siguientes opciones representa una buena práctica al usar estas funciones?

a. Escribir correos siempre en mayúsculas para darles más énfasis, omitir el asunto y enviar archivos sin mencionarlos en el cuerpo del mensaje.
b. Reenviar correos sin revisar los destinatarios en Para, CC y CCO, de modo que todas las personas reciban la copia aunque no sea relevante para ellas.
c. Redactar un correo con asunto claro, adjuntar los documentos necesarios desde Insertar → Adjuntar archivo, y añadir una firma personalizada con los datos de contacto.
d. Omitir el saludo y la despedida en los mensajes, ya que ralentizan la comunicación y no aportan valor al correo electrónico.

Solución

Lo correcto es redactar un correo con asunto claro, adjuntar los documentos necesarios desde **Insertar** → **Adjuntar archivo,** y añadir una firma personalizada con los datos de contacto. En cambio, escribir en mayúsculas, reenviar sin revisar destinatarios o enviar correos sin saludo ni despedida son prácticas que pueden generar confusión, dar una mala impresión o incluso comprometer la privacidad.

---

5. Resumen

Outlook reúne correo, calendario, contactos y tareas en una sola aplicación, lo que permite centralizar el trabajo diario. En esta unidad se usan las versiones de escritorio (la más completa), aunque Outlook también existe en web, móvil y como integración en *Windows Mail*.

La interfaz se organiza en cuatro zonas clave:

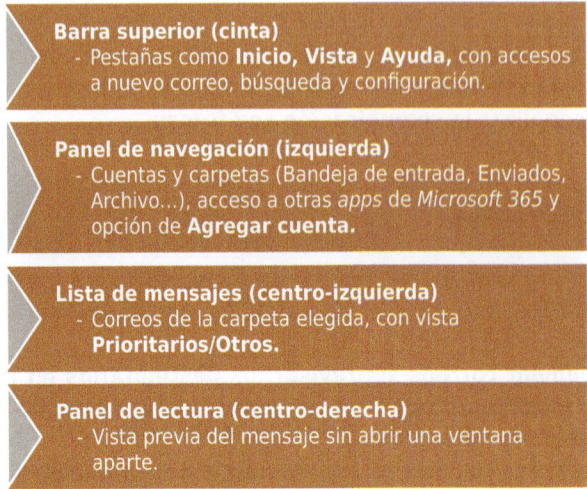

Barra superior (cinta)
- Pestañas como **Inicio, Vista** y **Ayuda,** con accesos a nuevo correo, búsqueda y configuración.

Panel de navegación (izquierda)
- Cuentas y carpetas (Bandeja de entrada, Enviados, Archivo...), acceso a otras *apps* de *Microsoft 365* y opción de **Agregar cuenta.**

Lista de mensajes (centro-izquierda)
- Correos de la carpeta elegida, con vista **Prioritarios/Otros.**

Panel de lectura (centro-derecha)
- Vista previa del mensaje sin abrir una ventana aparte.

La vista se personaliza desde **Vista** y **Configuración:**

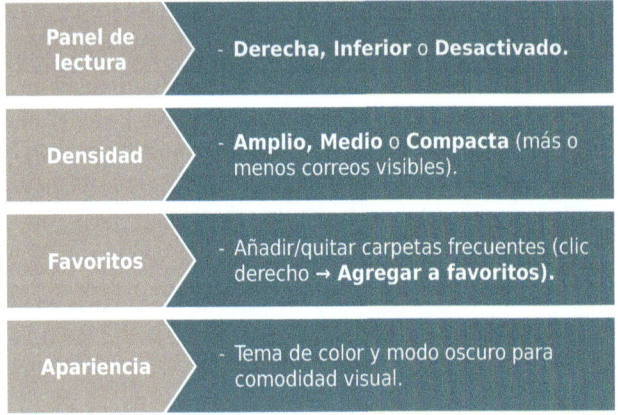

Panel de lectura
- **Derecha, Inferior** o **Desactivado.**

Densidad
- **Amplio, Medio** o **Compacta** (más o menos correos visibles).

Favoritos
- Añadir/quitar carpetas frecuentes (clic derecho → **Agregar a favoritos).**

Apariencia
- Tema de color y modo oscuro para comodidad visual.

Para usar Outlook como herramienta central basta con configurar una cuenta de correo. Reconoce automáticamente los principales servicios (*Microsoft 365,* Outlook.com, *Gmail, Yahoo, iCloud)* y, en casos de cuentas corporativas o menos comunes, permite la configuración manual con IMAP o POP. Centralizar las cuentas en Outlook facilita trabajar de forma ordenada y tenerlo todo sincronizado.

Una vez configurado, Outlook permite enviar, responder y reenviar correos. Se utilizan los campos Para, CC y CCO, junto con un asunto breve y un cuerpo bien estructurado. Además, facilita adjuntar archivos, añadir firmas personalizadas y seguir buenas prácticas de redacción (saludo adecuado, tono correcto, revisar destinatarios y adjuntos).

Ejercicios de autoevaluación
Unidad de Aprendizaje 1

1. **¿Cuál es la principal ventaja de *Microsoft* Outlook en el entorno de trabajo?**

   a. Centraliza correo, calendario, contactos y tareas en una sola aplicación.
   b. Solo funciona en dispositivos móviles.
   c. Permite únicamente enviar correos electrónicos.
   d. Es un programa exclusivo para *Windows Mail.*

2. **¿Qué zona de la interfaz de Outlook permite leer un correo sin abrirlo en otra ventana?**

   a. Barra superior
   b. Panel de navegación lateral
   c. Panel de lectura o vista previa
   d. Lista de mensajes

3. **¿Qué diferencia existe entre una cuenta configurada con IMAP y otra con POP?**

   a. IMAP, a diferencia de POP, borra automáticamente los correos antiguos.
   b. IMAP mantiene sincronizados los mensajes en todos los dispositivos; POP los descarga sin sincronización.
   c. POP solo funciona con *Gmail;* IMAP solo funciona con Outlook.
   d. POP permite adjuntar archivos más grandes que IMAP.

4. **¿En qué situación es necesario introducir manualmente los parámetros de configuración de una cuenta en Outlook?**

   a. Cuando se utiliza *Gmail* en un ordenador *Windows 11.*
   b. Al añadir cuentas de *Microsoft 365* ya preconfiguradas.
   c. Cuando se trata de cuentas de empresa con servidores propios.
   d. Siempre que se use la versión web de Outlook.

5. ¿Cuál de las siguientes es una buena práctica al redactar un correo en Outlook?

    a. Escribir en mayúsculas para resaltar el mensaje.
    b. Omitir el asunto y la despedida para ganar tiempo.
    c. Revisar destinatarios, adjuntar archivos y añadir una firma personalizada.
    d. Reenviar correos sin comprobar quién los recibe.

6. ¿Qué opción permite personalizar la apariencia de Outlook?

    a. Configuración → Apariencia (temas y modo oscuro)
    b. Barra de búsqueda
    c. Panel de lectura
    d. Campo CCO

7. ¿Qué campo del correo electrónico se utiliza para enviar una copia sin que el resto de destinatarios lo vean?

    a. Para
    b. CC
    c. CCO
    d. Asunto

8. Indica si las siguientes oraciones son verdaderas o falsas:

    a. El panel de navegación lateral muestra las carpetas principales, como Bandeja de entrada y Enviados.

        ■ Verdadero
        ■ Falso

    b. La lista de mensajes solo aparece en la versión móvil de Outlook.

        ■ Verdadero
        ■ Falso

    c. El panel de lectura permite ver el contenido de un correo sin abrirlo en otra ventana.

- ■ Verdadero
- ■ Falso

9. Indica si las siguientes oraciones son verdaderas o falsas:

    a. Outlook reconoce automáticamente servicios como *Microsoft 365, Gmail, Yahoo* e *iCloud.*

- ■ Verdadero
- ■ Falso

    b. Siempre es necesario introducir manualmente los parámetros del servidor, incluso con proveedores conocidos.

- ■ Verdadero
- ■ Falso

    c. POP descarga correos en el equipo sin mantener sincronización entre dispositivos.

- ■ Verdadero
- ■ Falso

10. Indica si las siguientes oraciones son verdaderas o falsas:

    a. Es recomendable usar un asunto breve y claro.

- ■ Verdadero
- ■ Falso

    b. Escribir todo el mensaje en mayúsculas transmite mayor profesionalidad.

- ■ Verdadero
- ■ Falso

c. Mencionar en el texto que se incluye un archivo adjunto evita que pase desapercibido.

- ■ Verdadero
- ■ Falso

Organización y contactos en Outlook

Contenido

Objetivos

Los objetivos generales de esta Unidad de Aprendizaje son:

→ Organizar el correo en carpetas; formas de ordenar y visualizar correos.

→ Manejar la libreta de direcciones.

→ Crear grupos de contactos y listas de distribución.

→ Administrar el buzón de forma eficaz; creación de reglas.

Los objetivos específicos de esta Unidad de Aprendizaje son:

→ Crear carpetas de correo para organizar los mensajes.

→ Aplicar filtros y vistas para localizar correos rápidamente.

→ Utilizar la libreta de direcciones para gestionar contactos.

→ Crear contactos, grupos de contactos y listas de distribución.

→ Establecer reglas automáticas para clasificar correos.

→ Optimizar el buzón mediante herramientas de limpieza.

1. Introducción

Después de aprender a configurar Outlook y enviar los primeros correos, llega el momento de dar un paso más: organizar la Bandeja de entrada y gestionar los contactos. Un correo electrónico sin orden puede convertirse en un caos, con cientos de mensajes acumulados que dificultan el trabajo diario. Outlook ofrece diferentes herramientas para mantener el buzón limpio y estructurado, como la creación de carpetas, vistas personalizadas y reglas automáticas que clasifican los mensajes de forma inmediata.

Además, el uso de la libreta de direcciones permite guardar contactos, crear grupos y listas de distribución para agilizar la comunicación con equipos de trabajo. Esto resulta especialmente útil en entornos profesionales, donde se intercambian correos de manera constante y se necesita rapidez para contactar con varias personas a la vez.

En esta unidad seguiremos acompañando a Clara y a Javier en su proyecto. Javier, con su perfil más administrativo, necesita aprender a organizar el buzón y a crear grupos de contactos para enviar correos colectivos de manera eficiente. Clara, por su parte, le mostrará cómo aplicar reglas automáticas y cómo optimizar el buzón para que todo funcione sin saturaciones. Juntos comprobarán que una buena organización del correo no solo ahorra tiempo, sino que también mejora la comunicación y la productividad del equipo.

2. Organización del correo: carpetas, vistas y filtros de búsqueda

👉 **HILO CONDUCTOR**

A medida que avanzan en el proyecto, Javier empieza a notar que su Bandeja de entrada se llena rápidamente con correos de proveedores, clientes y compañeros. Clara le enseña a crear carpetas para separar los mensajes y a utilizar las vistas para localizar lo más importante de un vistazo. Además, le muestra los filtros de búsqueda para encontrar un correo antiguo sin perder tiempo revisándolos todos uno por uno.

A medida que se reciben más mensajes, puede resultar difícil localizar la información realmente importante si no se cuenta con un sistema de organización. Para ello, la aplicación ofrece tres herramientas principales: **carpetas, vistas y filtros de búsqueda.**

NOTA

Mantener un buzón ordenado es fundamental para trabajar de manera eficiente en Outlook.

2.1. Carpetas de correo

Una **carpeta** es un espacio principal donde puedes guardar y organizar correos. Funciona como un "archivador grande". Por ejemplo, una carpeta Clientes, donde guardes todos los mensajes relacionados con tu clientela.

Por su parte, una **subcarpeta** es una carpeta que está dentro de otra. Sirve para ordenar todavía más la información, como si dentro del archivador grande pusieras "separadores". Siguiendo el ejemplo anterior, dentro de la carpeta Clientes puedes crear subcarpetas llamadas "Cliente A", "Cliente B" o "Cliente C", y así tener sus correos separados.

NOTA

Las carpetas permiten estructurar los mensajes dentro del buzón.

Outlook incluye de forma predeterminada las carpetas Bandeja de entrada, Elementos enviados, Borradores o Correo no deseado:

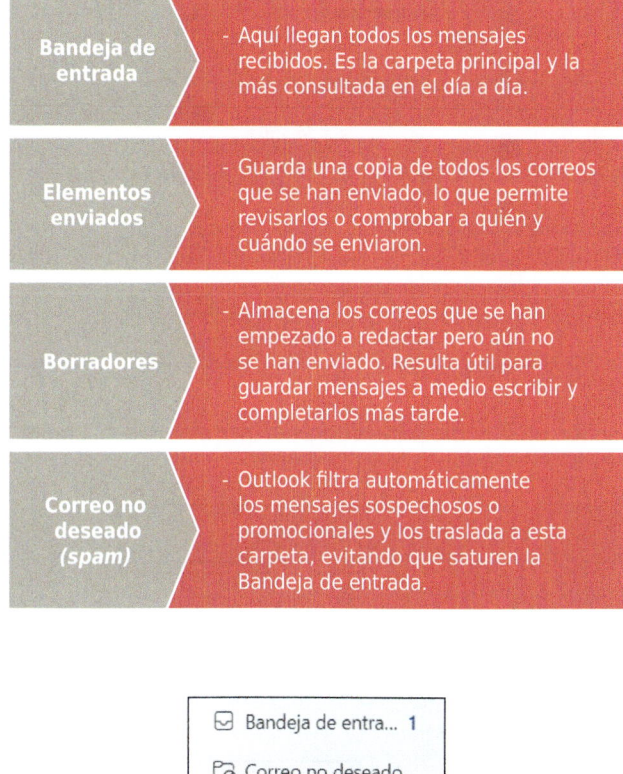

En Outlook se pueden crear tanto **carpetas nuevas** como **subcarpetas** para organizar mejor los correos.

El proceso para crear una carpeta nueva es el siguiente:

1. En el panel izquierdo, haz clic con el botón derecho sobre el nombre de tu cuenta de correo:

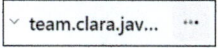

2. En el menú desplegable selecciona **Crear carpeta nueva:**

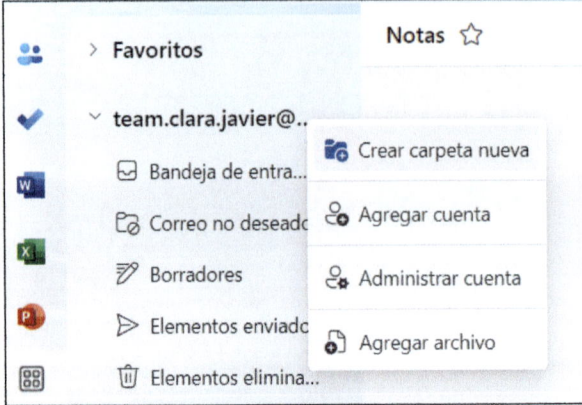

3. Escribe un nombre para la carpeta (por ejemplo, "Clientes" o "Facturas"):

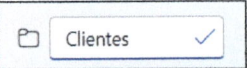

4. La nueva carpeta aparecerá en la lista, al mismo nivel que las carpetas predeterminadas como Bandeja de entrada o Borradores:

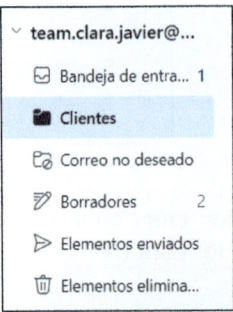

Esta organización sirve para tener carpetas principales donde agrupar correos según temas, proyectos o clientes.

Para crear una subcarpeta, se siguen los siguientes pasos:

1. Haz clic con el botón derecho sobre la carpeta donde quieras añadir una subcarpeta (por ejemplo, Bandeja de entrada o cualquier otra carpeta creada).
2. Selecciona la opción **Crear nueva subcarpeta:**

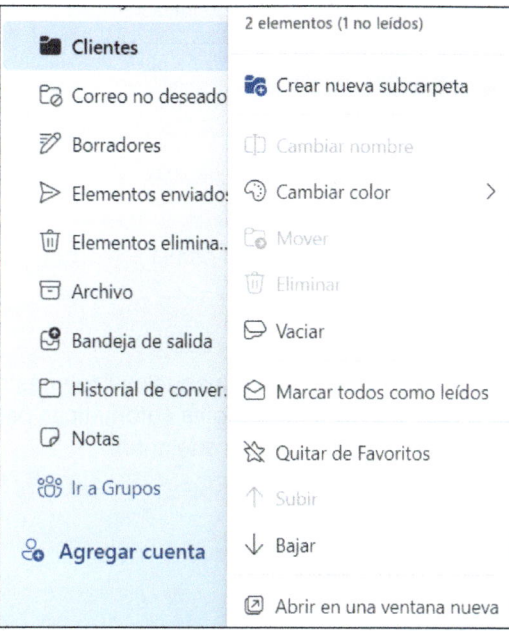

3. Escribe el nombre de la subcarpeta (por ejemplo, dentro de Clientes puedes crear "Cliente A" y "Cliente B"):

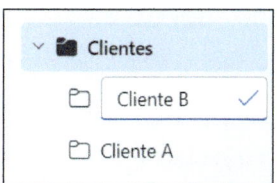

4. La subcarpeta aparecerá sangrada debajo de la carpeta principal, mostrando así la jerarquía:

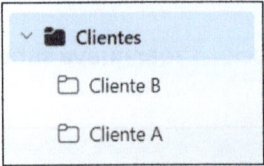

NOTA

De esta manera, puedes diseñar tu propia estructura de organización.

Los mensajes se pueden mover manualmente arrastrándolos a la carpeta deseada, o bien configurando reglas automáticas para que se clasifiquen solos (tema que se desarrolla más adelante).

2.2. Vistas de los mensajes

La forma en que se muestran los correos en Outlook puede adaptarse a las necesidades de cada persona. Esta personalización recibe el nombre de **vista de los mensajes** y permite decidir qué información aparece en pantalla, cómo se organizan los correos y de qué manera se leen dentro de la aplicación.

NOTA

Ajustar correctamente estas opciones ayuda a trabajar con mayor comodidad y a localizar la información de manera más rápida.

Outlook ofrece la posibilidad de mostrar un fragmento del contenido de cada correo directamente en la lista de mensajes. De esta manera, sin necesidad de abrir el correo completo, se puede leer parte del texto para hacerse una idea del tema tratado:

➲ **Mostrar texto de vista previa.** Para activar la opción hay que ir a Vista → Mensajes → Vista previa del mensaje → Mostrar texto de vista previa:

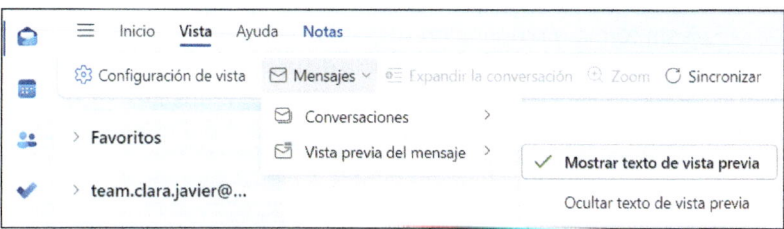

Aparece una o varias líneas del mensaje debajo del asunto:

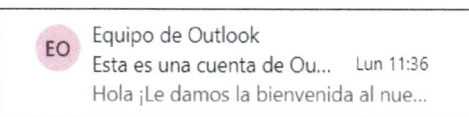

➲ **Ocultar texto de vista previa.** Para activar la opción hay que ir a **Vista** → **Mensajes** → **Vista previa del mensaje** → **Mostrar texto de vista previa:**

Solo se visualiza el remitente y el asunto, dejando la bandeja más compacta:

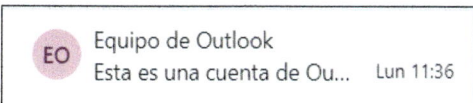

Este ajuste es útil si se reciben muchos correos y se quiere ahorrar tiempo distinguiendo cuáles son más importantes.

Cuando varios correos forman parte de un mismo intercambio (por ejemplo, una respuesta y sus contestaciones), Outlook permite agruparlos en **conversaciones.** Esto evita tener la bandeja llena de mensajes sueltos y facilita seguir el hilo completo de un tema:

○ **Agrupar mensajes por conversación.** Con esta opción, Outlook reúne todos los correos que comparten el mismo asunto en un solo hilo. De esta forma, no aparecen dispersos en la Bandeja de entrada y resulta más sencillo seguir la secuencia de la conversación completa.

Para activar la opción, hay que ir a **Vista → Mensajes → Conversaciones → Lista de mensajes → Agrupar mensajes por conversación:**

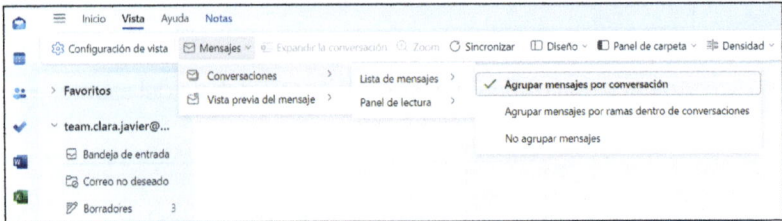

○ **Agrupar mensajes por ramas dentro de conversaciones.** Aquí los correos no solo se agrupan en un mismo hilo, sino que también se organizan por ramas, lo que permite distinguir respuestas paralelas dentro de la misma conversación. Es útil para no perder de vista qué mensajes están relacionados entre sí.

Para activar la opción, hay que ir a **Vista → Mensajes → Conversaciones → Lista de mensajes → Agrupar mensajes por ramas dentro de conversaciones:**

○ **No agrupar mensajes.** Si se elige esta opción, cada correo aparece como un mensaje independiente en la lista, aunque pertenezca al mismo hilo. Es práctico cuando se prefiere revisar los correos uno por uno, sin que Outlook los agrupe.

Para activar la opción, hay que ir a **Vista → Mensajes → Conversaciones → Lista de mensajes → No agrupar mensajes:**

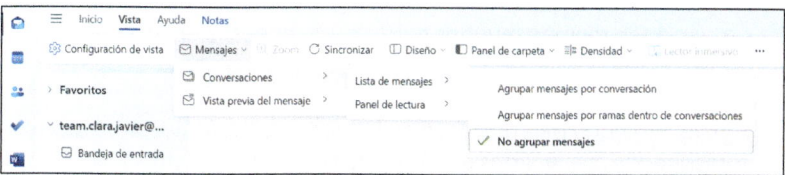

● **Mostrar solo el mensaje seleccionado.** Al activar esta vista, el panel de lectura muestra únicamente el correo elegido y no todos los mensajes de la conversación. Esto ayuda a centrarse en el contenido específico sin distracciones.

Para activar la opción, hay que ir a **Vista → Mensajes → Conversaciones → Panel de lectura → Mostrar solo el mensaje seleccionado:**

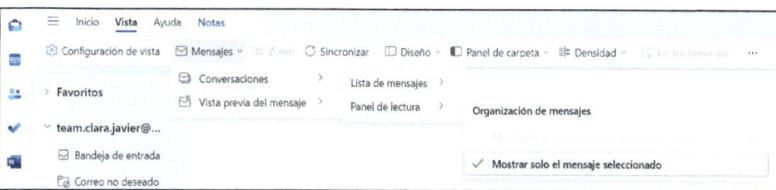

● **Mostrar texto de vista previa.** En Outlook, la opción **Mostrar texto de vista previa** sirve para que puedas leer parte del contenido de un correo sin necesidad de abrirlo en otra ventana.

Para activar la opción, haz clic en **Configuración,** arriba a la derecha. Busca la opción **Correo** y selecciona **Diseño.** Activa/desactiva la opción **Mostrar vista previa del mensaje.**

NOTA

El panel **Lectura** es la zona donde se visualiza el contenido del correo sin necesidad de abrirlo en otra ventana.

2.3. Filtros de búsqueda

Outlook incorpora, en la parte superior, una **barra de búsqueda** que facilita localizar mensajes, contactos o archivos sin tener que revisar manualmente todas las carpetas del buzón. Esta herramienta es especialmente útil cuando se reciben muchos correos y se necesita encontrar uno en concreto con rapidez.

Al escribir una palabra clave en la barra, Outlook muestra automáticamente resultados clasificados en diferentes categorías:

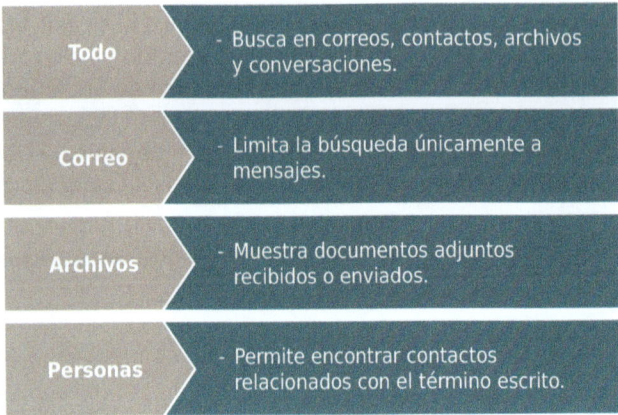

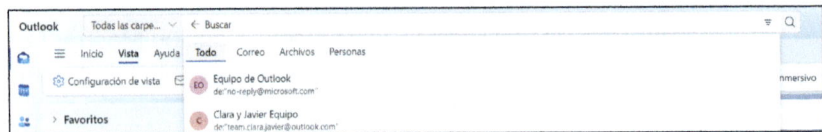

Además de los apartados principales, se pueden aplicar filtros más específicos para afinar los resultados:

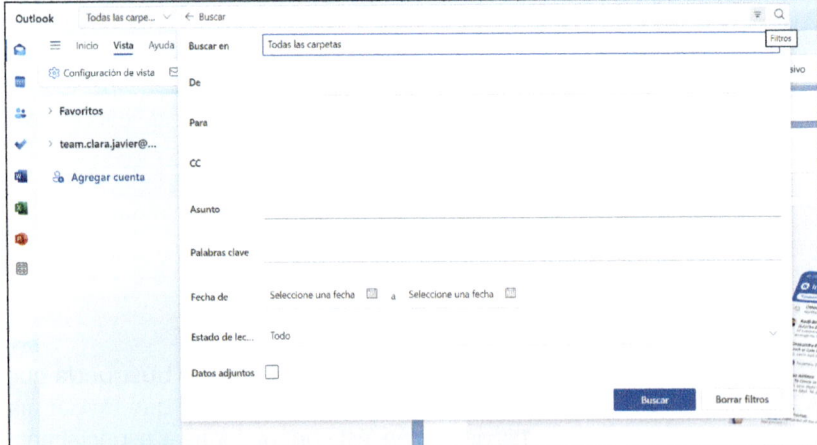

Cuando se hace clic en **Filtros** dentro de la barra de búsqueda, Outlook muestra una serie de campos que permiten concretar al máximo qué mensaje queremos localizar:

- **Buscar en.** Permite elegir dónde buscar:

  - En todas las carpetas de la cuenta.
  - Solo en una carpeta concreta (por ejemplo, Bandeja de entrada o Elementos enviados).

- **De.** Se escribe la dirección o nombre del remitente para localizar correos enviados por una persona en concreto.
- **Para.** Sirve para buscar mensajes que se hayan enviado a un destinatario específico.
- **CC.** Permite filtrar correos en los que una persona aparece como copia (con copia).
- **Asunto.** Se puede introducir una palabra o frase que aparezca en el título del correo, muy útil para localizar mensajes relacionados con un proyecto o tema.
- **Palabras clave.** Filtra correos que incluyan esas palabras dentro del cuerpo del mensaje.
- **Fecha.** Permite seleccionar un rango de tiempo (por ejemplo, del 1 de julio al 30 de septiembre) para encontrar mensajes dentro de esas fechas.
- **Estado de lectura.** Se puede escoger entre todos los mensajes, solo los no leídos o solo los leídos.
- **Datos adjuntos.** Si se marca la casilla, la búsqueda solo mostrará correos que contengan archivos adjuntos.

Las principales ventajas del uso de filtros son:

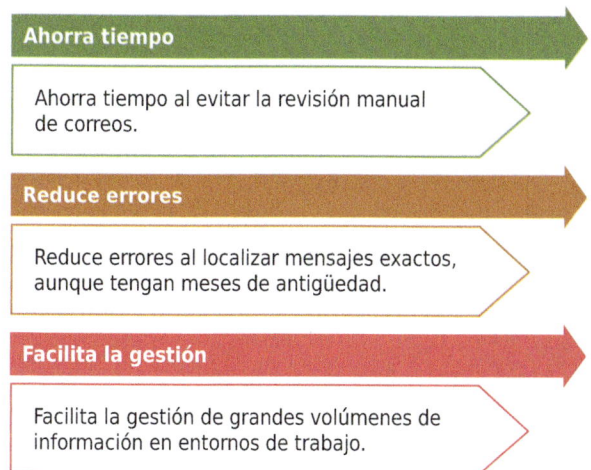

Ahorra tiempo

Ahorra tiempo al evitar la revisión manual de correos.

Reduce errores

Reduce errores al localizar mensajes exactos, aunque tengan meses de antigüedad.

Facilita la gestión

Facilita la gestión de grandes volúmenes de información en entornos de trabajo.

 **EJEMPLO**

Imagina que quieres encontrar una factura que te envió tu proveedor en agosto:

En **De** escribes su nombre o correo.

En **Asunto** pones la palabra "Factura".

En **Fecha** seleccionas del 1 al 31 de agosto.

Activas la casilla **Datos adjuntos.**

Pulsas en **Buscar.**

De este modo, Outlook te mostrará directamente ese correo sin necesidad de revisar manualmente la bandeja.

 ACTIVIDAD COMPLEMENTARIA

2. Investiga cómo se organizará el correo en Outlook mediante el uso de carpetas, vistas y filtros de búsqueda, y analiza qué ventajas aporta aplicar estas herramientas en el trabajo diario.

   ¿Qué diferencia existe entre organizar correos mediante carpetas y subcarpetas frente a personalizar la vista de los mensajes?

   ¿Qué utilidad tienen los filtros de búsqueda para localizar correos concretos en buzones con gran volumen de información?

---

3. Gestión de contactos: libreta de direcciones, grupos y listas de distribución

☞ **HILO CONDUCTOR**

Javier necesita enviar actualizaciones semanales a todo el equipo del proyecto. En lugar de escribir uno a uno cada destinatario, Clara le presenta la libreta de direcciones y le enseña a crear un grupo de contactos. De esta forma, con un solo clic puede mandar la información a todos los integrantes de la lista, ahorrando tiempo y reduciendo errores.

En Outlook, además de organizar los correos electrónicos, es fundamental **gestionar los contactos** para centralizar la información de las personas con las que se trabaja. No se trata solo de almacenar direcciones de correo, sino de construir una **base de datos completa y profesional** con nombres, teléfonos, cargos o direcciones, que facilite la interacción diaria.

Gracias a esta gestión, resulta más sencillo enviar mensajes, programar reuniones o crear grupos de trabajo. Para ello, Outlook ofrece varias herramientas específicas: la **libreta de direcciones,** los **grupos de contactos** y las **listas de distribución,** que permiten mantener la comunicación organizada y adaptada tanto a un uso personal como corporativo.

3.1. Libreta de direcciones

La libreta de direcciones es el espacio donde se almacenan y gestionan los contactos en Outlook.

En la parte superior izquierda de Outlook, aparece la opción **Nuevo contacto.** Al seleccionarla, se abre un formulario donde se pueden introducir datos como nombre, correo electrónico, número de teléfono, dirección y otros detalles relevantes.

En **Todos los contactos** se puede ver la lista completa de direcciones almacenadas. Al hacer clic en un contacto concreto, se muestran sus datos y la opción de **Editar contacto** para actualizar información:

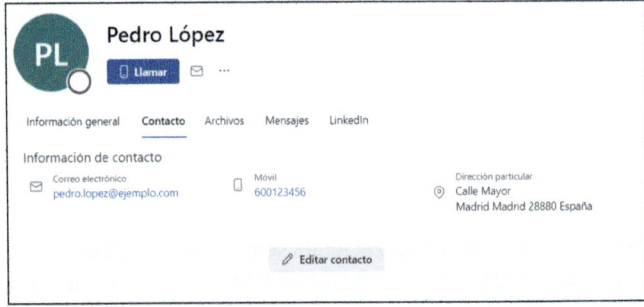

Outlook facilita distintas maneras de trabajar con la libreta de direcciones y de sacar partido a sus funciones más útiles:

Usar un contacto al redactar un correo
- Cuando se escribe un nuevo mensaje, basta con introducir el nombre del contacto en el campo Para. Outlook buscará en la libreta y mostrará sugerencias, completando de forma automática la dirección de correo. Así se evitan errores al teclear y se agiliza el envío.

Añadir contactos manualmente
- Para registrar a una persona en la libreta, se accede a **Contactos** y se selecciona **Nuevo contacto.** Allí se rellenan los campos disponibles: nombre, correo electrónico, teléfono, dirección y cualquier otra información útil.

Importar contactos desde otras aplicaciones
- Outlook permite traer contactos de servicios como *Gmail, Yahoo* o *iCloud.* También es posible cargarlos desde un archivo en formato CSV o vCard, lo que resulta útil si ya se tiene una agenda digital en otro programa.

Organizar contactos con categorías
- Una vez guardados, los contactos se pueden clasificar asignándoles colores y categorías. Por ejemplo, se puede usar el color azul para clientes y el verde para compañeros de trabajo. Esta opción facilita localizar a las personas según el grupo al que pertenecen.

 **EJEMPLO**

María trabaja en una pequeña empresa de diseño gráfico y acaba de empezar a usar Outlook para organizar mejor su comunicación con clientes y proveedores.

Añadir un contacto manualmente

El primer día recibe un correo de un nuevo cliente, Pedro López. Para no perder sus datos, María va a **Contactos → Nuevo contacto** y rellena los campos:

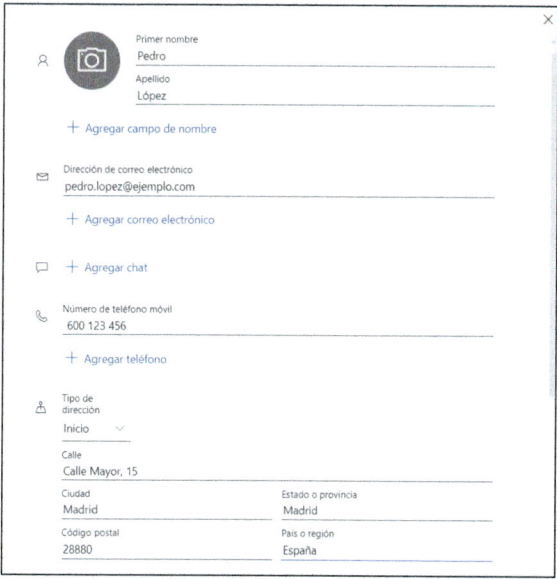

Continúa en página siguiente >>

<< Viene de página anterior

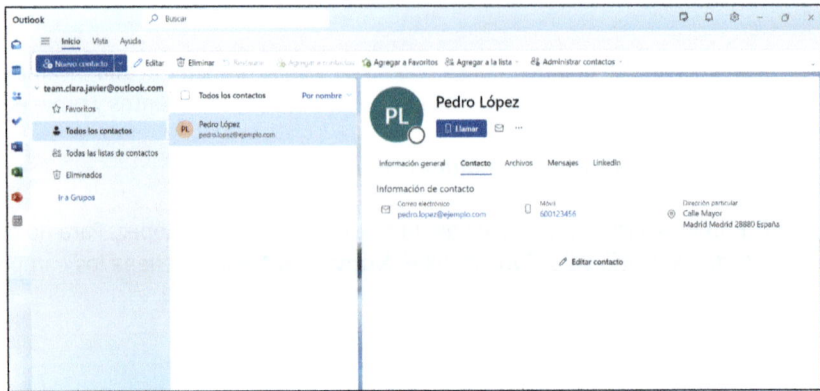

- Nombre: Pedro López
- Correo: pedro.lopez@ejemplo.com
- Teléfono: 600 123 456
- Dirección: Calle Mayor, 15 – Madrid

Con esto, Pedro queda registrado en su libreta.

Usar un contacto al redactar un correo

Al día siguiente, María necesita enviarle una propuesta de diseño. Al redactar un nuevo mensaje, solo escribe "Pedro" en el campo Para, y Outlook le sugiere automáticamente "Pedro López pedro.lopez@ejemplo.com". Así, evita teclear toda la dirección y reduce posibles errores.

Importar contactos desde otra aplicación

María también tenía guardada su agenda en *Gmail.* Decide exportarla en formato CSV y, desde Outlook, selecciona la opción **Importar contactos:**

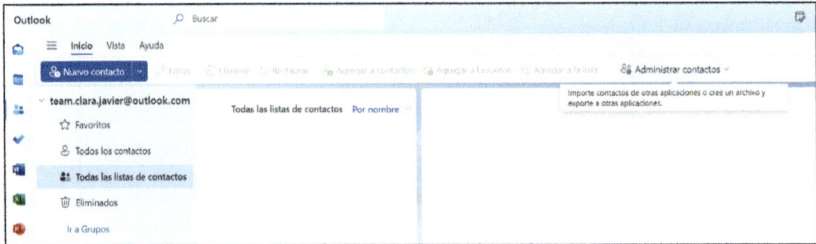

Continúa en página siguiente >>

<< Viene de página anterior

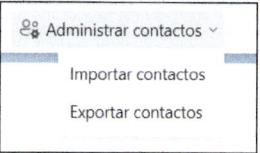

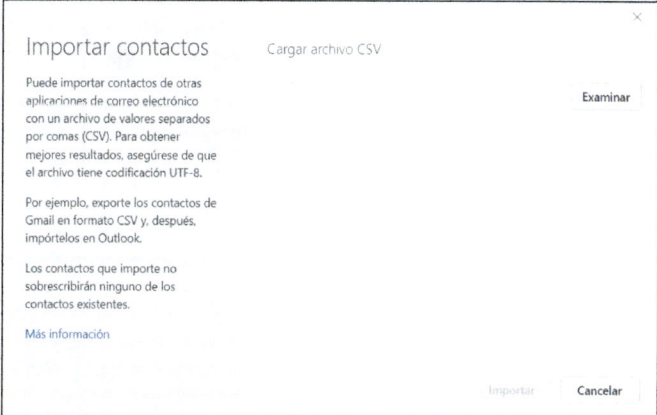

De esta forma, todos sus clientes anteriores quedan disponibles en la libreta de direcciones sin tener que añadirlos uno a uno.

Clasificar contactos

Para trabajar de forma más ordenada, María asigna colores a través del campo **Clasificar** y **Nueva categoría:**

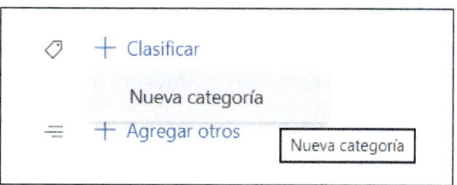

Continúa en página siguiente >>

<< Viene de página anterior

Azul para clientes:

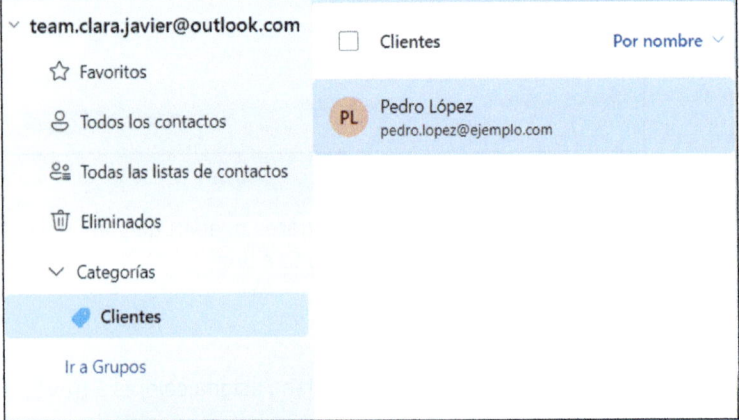

Verde para proveedores.

Así, cuando abre la libreta o busca un contacto, puede diferenciar de un vistazo si se trata de alguien que encarga un proyecto o de quien le suministra material.

3.2. Grupos de contactos

Un grupo de contactos es una herramienta que permite reunir varias direcciones bajo un único nombre. Esto resulta muy útil cuando se envían correos a un mismo conjunto de personas de forma frecuente.

Para crear un grupo en Outlook:

➲ Entra en **Inicio → Correo nuevo → Grupo.** Esta opción permite abrir un espacio compartido para trabajar en equipo, donde se pueden centralizar correos, archivos y eventos:

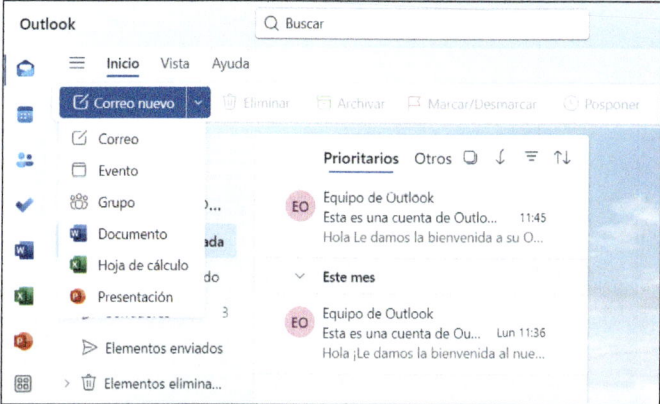

➲ **Escribe el nombre y la descripción.** En la ventana **Configuración** se escribe el nombre del grupo y una descripción que explique su objetivo. Así, todos los integrantes sabrán la finalidad del grupo antes de unirse:

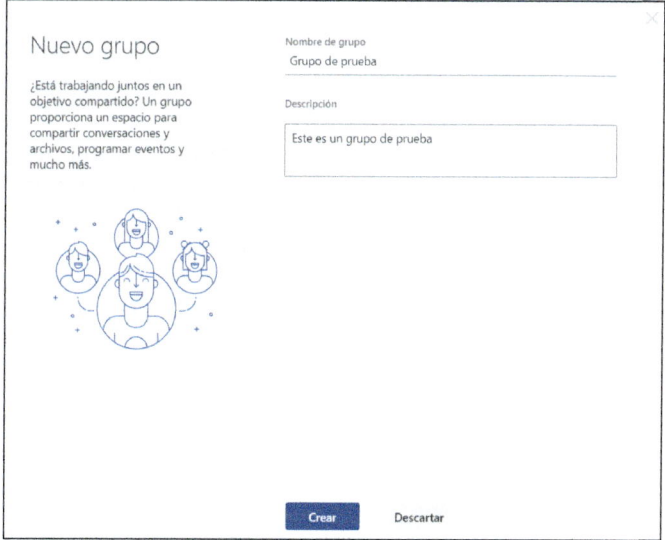

⮑ **Agrega a los miembros.** El siguiente paso es agregar miembros, escribiendo sus nombres o direcciones de correo electrónico. Cada persona invitada tendrá acceso a las conversaciones y a los recursos compartidos:

Una vez creado, el grupo aparece en la barra lateral, bajo la opción **Ir a Grupos.** Desde ahí se accede al espacio colaborativo, con pestañas **Correo electrónico, Eventos** y **Miembros:**

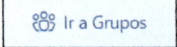

Se pueden usar opciones de gestión, como editar grupo, añadir o quitar miembros, enviar correos colectivos o programar reuniones. Los propietarios administran el grupo y los miembros participan en las actividades:

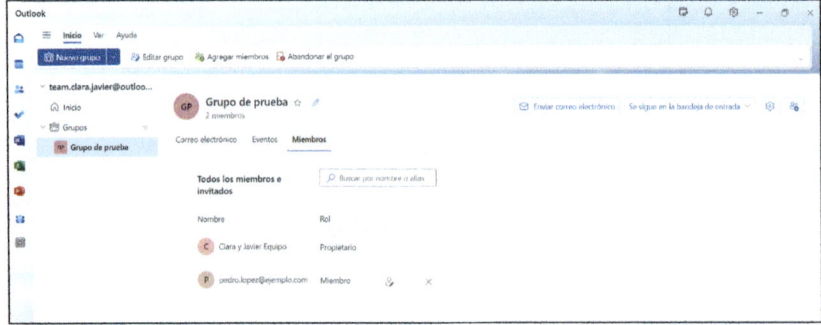

Las características principales de los grupos son las siguientes:

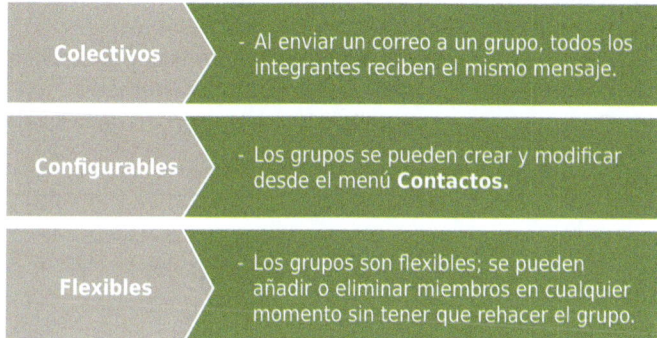

Colectivos	- Al enviar un correo a un grupo, todos los integrantes reciben el mismo mensaje.
Configurables	- Los grupos se pueden crear y modificar desde el menú **Contactos.**
Flexibles	- Los grupos son flexibles; se pueden añadir o eliminar miembros en cualquier momento sin tener que rehacer el grupo.

Esto ahorra tiempo, reduce errores (como olvidar a alguien en el envío) y facilita la comunicación con equipos pequeños o medianos dentro de una organización.

3.3. Listas de distribución

Las listas de distribución son similares a los grupos, pero están diseñadas para un uso más amplio y formal. Se utilizan sobre todo en entornos corporativos o institucionales donde es necesario comunicar información a un gran número de personas de forma simultánea.

En el apartado **Todas las listas de contactos,** Outlook permite crear listas personalizadas, que agrupan varias direcciones bajo un único nombre.

El proceso es el siguiente:

⮞ **Crear una nueva lista de contactos.** En la pestaña **Inicio → Nuevo contacto → Nueva lista de contactos,** se abre el asistente para crear una lista. Esta opción permite agrupar varias direcciones bajo un solo nombre, lo que facilita enviar correos masivos de forma rápida:

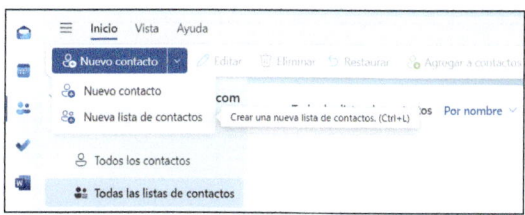

○ **Configurar la lista.** En la ventana **Creación,** se definen:

    ◔ Nombre de la lista de contactos: título con el que identificarás la lista (por ejemplo, "Lista de contactos de prueba").

    ◔ Agregar direcciones de correo electrónico: puedes escribir manualmente las direcciones o elegirlas de tus contactos.

    ◔ Descripción: breve explicación del propósito de la lista.

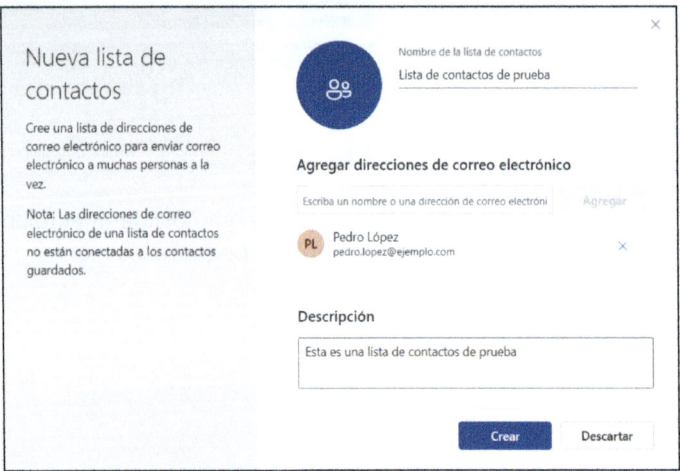

○ **Guardar y visualizar la lista.** Tras pulsar **Crear,** la lista aparece en el apartado **Todas las listas de contactos** de la barra lateral izquierda. Desde ahí puedes seleccionarla para ver o editar sus detalles.

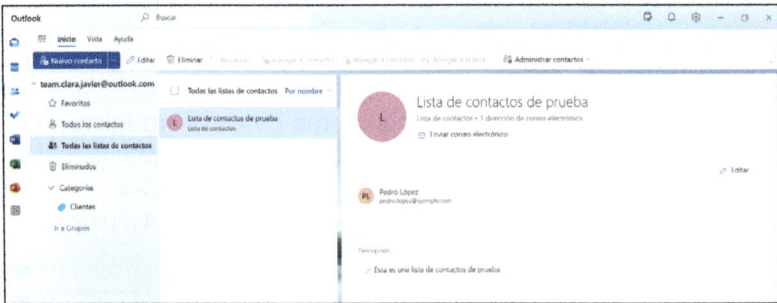

Dentro de una lista ya creada, Outlook permite:

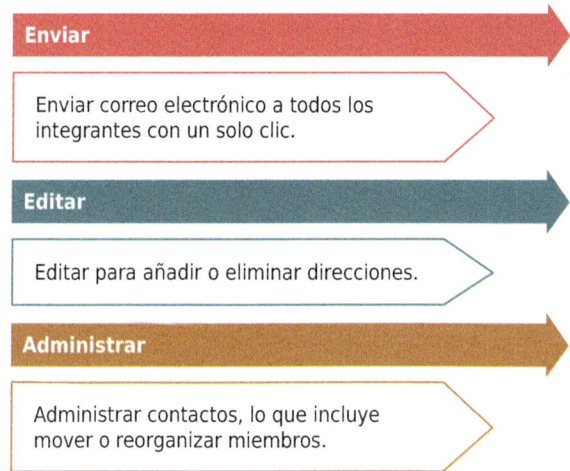

Enviar

Enviar correo electrónico a todos los integrantes con un solo clic.

Editar

Editar para añadir o eliminar direcciones.

Administrar

Administrar contactos, lo que incluye mover o reorganizar miembros.

Lo ventajoso de las listas es que son:

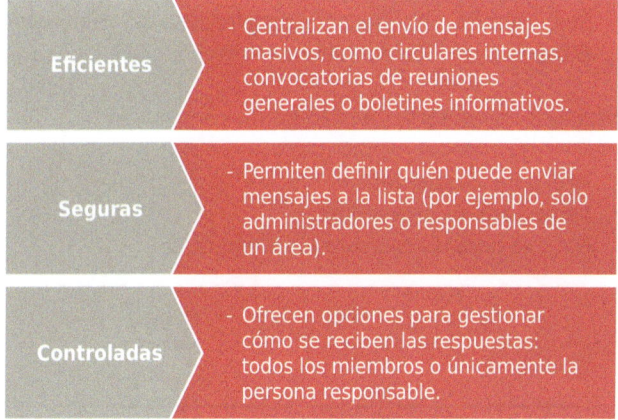

Eficientes

- Centralizan el envío de mensajes masivos, como circulares internas, convocatorias de reuniones generales o boletines informativos.

Seguras

- Permiten definir quién puede enviar mensajes a la lista (por ejemplo, solo administradores o responsables de un área).

Controladas

- Ofrecen opciones para gestionar cómo se reciben las respuestas: todos los miembros o únicamente la persona responsable.

NOTA

De esta manera, la información llega de forma homogénea a toda la plantilla y se evita la tarea de enviar correos individuales.

TAREA 2

Iker trabaja en la empresa Nafarroa Design y necesita organizar su libreta de direcciones en Outlook para diferenciar mejor a clientes, proveedores y colaboradores.

Tu tarea será ayudarle a completar las siguientes acciones:

1. Añadir tres nuevos contactos manualmente:

   · Ane Etxeberria – Cliente: ane.etxeberria@ejemplo.com
   · Sergio Villalba – Proveedor de papelería: sergio.villalba@proveedores.com
   · Giulia Bianchi – Colaboradora en diseño: giulia.bianchi@colabora.com

2. Organizar los contactos en categorías con colores:

   · Azul para los clientes
   · Verde para los proveedores
   · Naranja para los colaboradores externos

---

4. Administración avanzada del buzón: reglas automáticas y limpieza

 HILO CONDUCTOR

Con el buzón cada vez más lleno, Javier se da cuenta de que pierde tiempo revisando mensajes repetitivos o poco relevantes. Clara le muestra cómo crear reglas

Continúa en página siguiente >>

<< Viene de página anterior

que clasifican automáticamente los correos en carpetas según el remitente o el asunto. También le explica cómo usar las herramientas de limpieza para mantener el buzón optimizado, evitando que se acumule información innecesaria.

Cuando el volumen de correos aumenta, no basta con organizar mensajes en carpetas de forma manual.

Outlook ofrece funciones avanzadas que permiten **automatizar la clasificación** y **optimizar el espacio del buzón,** evitando que se convierta en un repositorio desordenado o saturado. Entre estas herramientas destacan las **reglas automáticas** y las **opciones de limpieza del buzón.**

Las reglas son instrucciones personalizadas que Outlook aplica de forma automática cada vez que llega o se envía un mensaje. Con ellas, el usuario no tiene que mover ni clasificar manualmente los correos.

Las opciones más comunes de reglas son:

Mover correos a carpetas específicas
- Por ejemplo, que todos los mensajes de un cliente se guarden directamente en la carpeta Clientes.

Aplicar categorías o colores a correos
- Según el remitente o la palabra clave en el asunto.

Eliminar o marcar como leído
- Mensajes que cumplan ciertas condiciones (por ejemplo, boletines de suscripción).

Reenviar automáticamente un correo
- Por ejemplo, a otra persona del equipo.

Establecer avisos o sonidos
- Para destacar mensajes importantes.

Para configurar una regla paso a paso, hay que seguir este proceso:

1. Ir a la **pestaña Configuración → Correo → Reglas.**

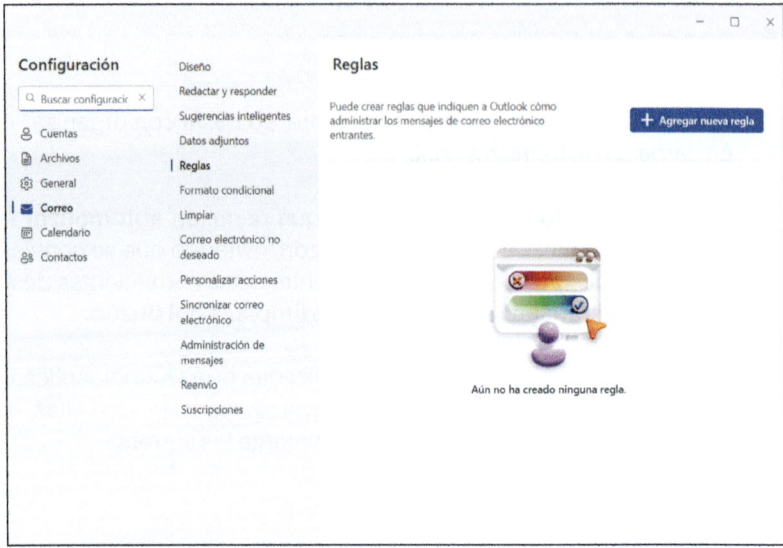

2. Seleccionar **Agregar nueva regla:**

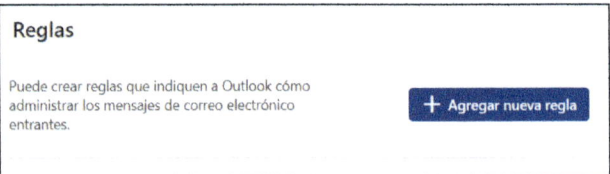

3. Escoger un nombre, una condición y una acción:

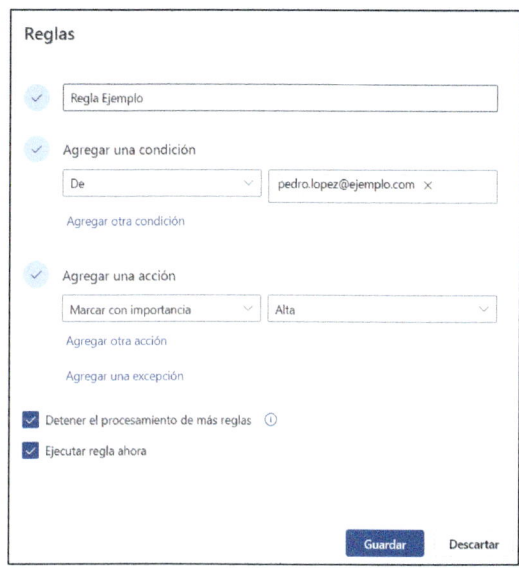

4. Guardar y activar la regla.

A partir de ese momento, Outlook aplicará automáticamente la instrucción definida, lo que ahorrará tiempo y asegurará que los mensajes importantes estén siempre en el lugar correcto.

La opción **Limpiar** en Outlook no se limita a borrar correos, sino que permite **gestionar mensajes repetidos o antiguos de forma automática.** Esto se traduce en mantener el buzón más ligero sin perder la información esencial.

Desde el menú de un correo, **Mover y eliminar → Limpiar.**

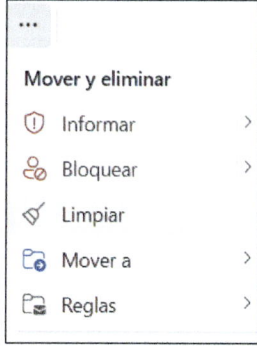

Al abrir el menú **Limpieza de mensajes,** aparecen varias posibilidades:

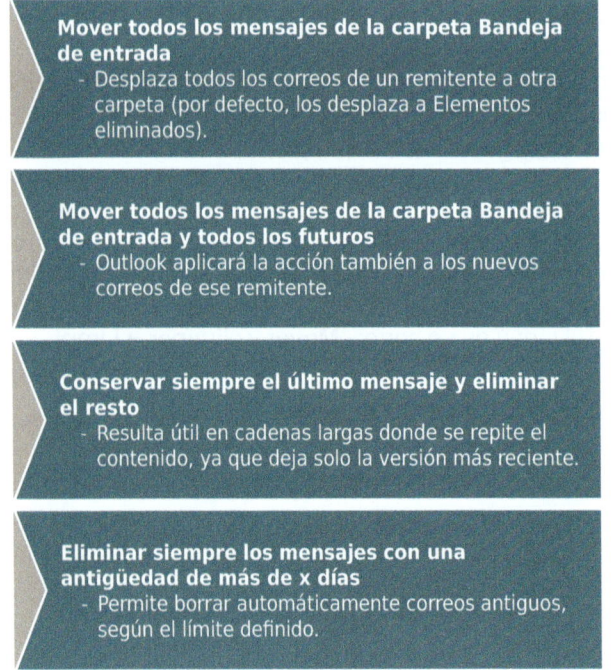

Desde **Configuración → Correo → Limpiar,** se gestionan las reglas de limpieza creadas:

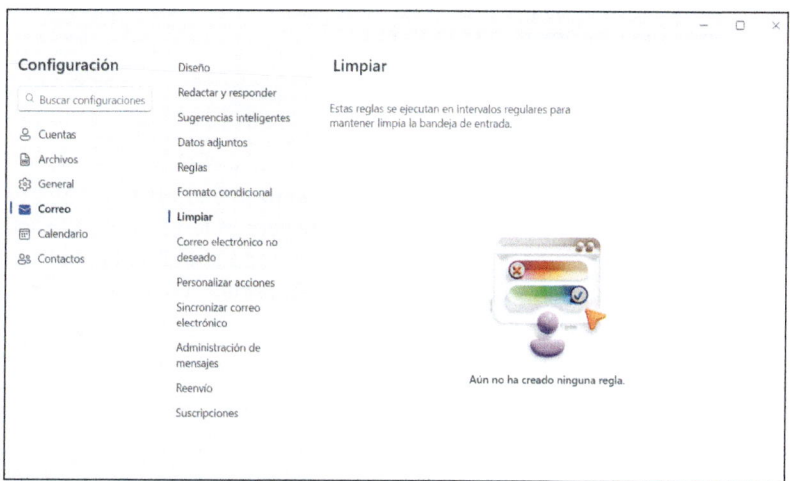

APLICACIÓN PRÁCTICA

Las reglas permiten automatizar la clasificación de correos, mientras que las herramientas de limpieza ayudan a eliminar mensajes repetidos o antiguos.

¿Cuál de las siguientes opciones refleja una buena práctica en el uso de estas funciones?

a. Revisar y mover manualmente todos los correos recibidos, sin utilizar reglas ni opciones de limpieza, ya que la automatización puede generar errores.

b. Configurar reglas para que los mensajes de clientes se muevan directamente a su carpeta, y usar la opción Conservar siempre el último mensaje y eliminar el resto para evitar duplicados en cadenas largas.

c. Evitar crear reglas, ya que complican el buzón, y conservar todos los correos sin aplicar limpieza, incluso si son muy antiguos o repetitivos.

Continúa en página siguiente >>

<< Viene de página anterior

d. Borrar manualmente todos los correos de la Bandeja de entrada al final de cada semana, sin aplicar reglas ni herramientas de limpieza, para mantener el buzón vacío.

Solución

Configurar reglas para que los mensajes de clientes se muevan directamente a su carpeta, y usar la opción **Conservar siempre el último mensaje y eliminar el resto** para evitar duplicados en cadenas largas es una práctica que aprovecha las funciones avanzadas de Outlook para ahorrar tiempo, mantener los correos importantes organizados y optimizar el espacio del buzón.

5. Resumen

Outlook permite mantener el correo ordenado mediante **carpetas y subcarpetas,** que funcionan como un archivador digital para separar mensajes por temas, proyectos o clientes. A ello, se suman las **vistas de los mensajes,** que personalizan cómo se muestra la bandeja (vista previa, agrupación por conversaciones, panel de lectura), y los **filtros de búsqueda,** que agilizan la localización de mensajes concretos gracias a criterios como remitente, asunto, fecha o adjuntos.

En cuanto a la **gestión de contactos,** la aplicación ofrece una libreta de direcciones donde se centralizan los datos de cada persona (correo, teléfono, cargo). Para la comunicación grupal se pueden crear:

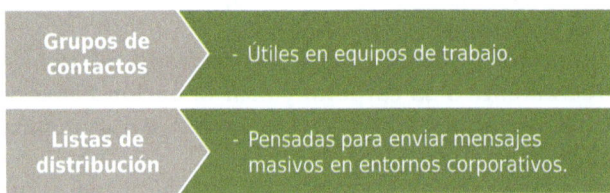

| Grupos de contactos | - Útiles en equipos de trabajo. |
| Listas de distribución | - Pensadas para enviar mensajes masivos en entornos corporativos. |

La **administración avanzada del buzón** se basa en dos funciones principales:

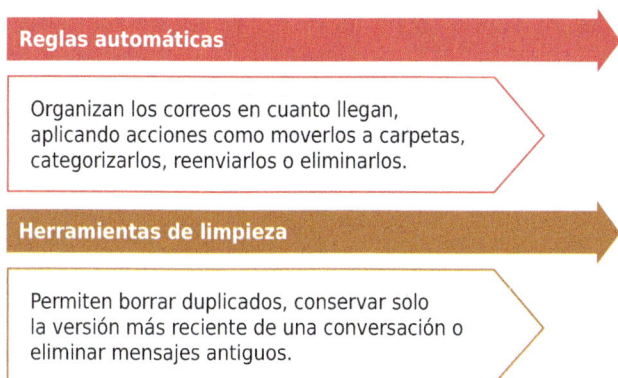

Reglas automáticas

Organizan los correos en cuanto llegan, aplicando acciones como moverlos a carpetas, categorizarlos, reenviarlos o eliminarlos.

Herramientas de limpieza

Permiten borrar duplicados, conservar solo la versión más reciente de una conversación o eliminar mensajes antiguos.

Gracias a estas opciones, Outlook se convierte en un entorno capaz de combinar orden, comunicación y automatización, garantizando una mayor eficiencia y un buzón siempre optimizado.

Ejercicios de autoevaluación
Unidad de Aprendizaje 2

1. ¿Qué diferencia existe entre una carpeta y una subcarpeta en Outlook?

a. La carpeta es un espacio principal y la subcarpeta es una división dentro de ella.
b. La carpeta siempre contiene contactos y la subcarpeta solo contiene correos.
c. La carpeta se crea manualmente y la subcarpeta se crea automáticamente.
d. La carpeta solo existe en la versión web y la subcarpeta existe en la de escritorio.

2. ¿Cuál es la función principal de la carpeta Borradores en Outlook?

a. Guardar copias de los correos enviados.
b. Almacenar mensajes no deseados.
c. Conservar correos empezados y aún no enviados.
d. Clasificar automáticamente mensajes por categorías.

3. ¿Qué ventaja aporta agrupar mensajes por conversación?

a. Permite que los correos aparezcan duplicados en la bandeja.
b. Facilita seguir el hilo completo de un tema en un solo bloque.
c. Evita que se puedan responder los mensajes dentro del hilo.
d. Oculta los correos antiguos de la conversación.

4. ¿Qué opción permite afinar al máximo la búsqueda de un correo específico?

a. Usar la Bandeja de entrada como único filtro.
b. Revisar manualmente mensaje por mensaje.
c. Aplicar filtros avanzados por remitente, asunto, fecha o adjuntos.
d. Buscar siempre en todos los elementos enviados.

5. ¿Qué utilidad tienen las categorías en la libreta de direcciones?

  a. Permiten duplicar contactos automáticamente.
  b. Clasifican los contactos con colores para identificarlos rápidamente.
  c. Sirven para bloquear correos de ciertos remitentes.
  d. Eliminan contactos duplicados sin preguntar.

6. ¿Qué diferencia existe entre un grupo de contactos y una lista de distribución?

  a. El grupo está pensado para uso personal y la lista solo para móviles.
  b. El grupo es para equipos pequeños y colaborativos; la lista se usa en entornos más amplios y formales.
  c. La lista de distribución permite editar miembros, mientras que el grupo no.
  d. Son exactamente lo mismo, solo cambia el nombre.

7. ¿Qué acción es un buen ejemplo del uso de reglas automáticas en Outlook?

  a. Cambiar manualmente los correos de carpeta cada semana.
  b. Configurar que todos los mensajes de un cliente se muevan directamente a su carpeta.
  c. Guardar todos los correos en la Bandeja de entrada sin clasificarlos.
  d. Crear copias de todos los mensajes en Elementos enviados.

8. Indica si las siguientes oraciones son verdaderas o falsas:

  a. Las carpetas permiten organizar correos por temas, clientes o proyectos.

  - Verdadero
  - Falso

  b. La vista previa de mensajes muestra parte del contenido sin necesidad de abrir el correo completo.

  - Verdadero
  - Falso

c. Los filtros de búsqueda solo sirven para localizar contactos, no correos.

- ■ Verdadero
- ■ Falso

9. Indica si las siguientes oraciones son verdaderas o falsas:

a. La libreta de direcciones permite almacenar datos como correo, teléfono y dirección.

- ■ Verdadero
- ■ Falso

b. Los grupos de contactos permiten enviar un correo a varias personas con un solo clic.

- ■ Verdadero
- ■ Falso

c. Las listas de distribución son idénticas a los grupos, y no existe ninguna diferencia en su uso.

- ■ Verdadero
- ■ Falso

10. Indica si las siguientes oraciones son verdaderas o falsas:

a. Las reglas permiten aplicar automáticamente acciones como mover, categorizar o reenviar mensajes.

- ■ Verdadero
- ■ Falso

b. La herramienta de limpieza puede eliminar correos antiguos o conservar solo el último de una conversación.

- ■ Verdadero
- ■ Falso

c. Outlook no permite automatizar la organización del correo, todo debe hacerse manualmente.

- Verdadero
- Falso

Calendario, tareas y seguridad en Outlook

Contenido

Objetivos

Los objetivos generales de esta Unidad de Aprendizaje son:

→ Gestionar citas y reuniones con el calendario.

→ Utilizar la agenda: tareas y notas.

→ Trabajar con seguridad en Outlook; operaciones avanzadas de correo.

Los objetivos específicos de esta Unidad de Aprendizaje son:

→ Crear citas y reuniones en el calendario.

→ Compartir invitaciones de reuniones con los asistentes.

→ Usar la agenda de Outlook para gestionar tareas.

→ Registrar notas rápidas como recordatorios.

→ Aplicar medidas de seguridad en el uso del correo.

→ Utilizar funciones avanzadas de correo y buzón.

1. Introducción

Outlook no solo sirve para enviar y recibir correos electrónicos; también incluye funciones que facilitan la planificación del trabajo y la seguridad de la información. El calendario, la agenda de tareas y las notas ayudan a organizar actividades, coordinar reuniones y recordar compromisos importantes. Además, las herramientas de seguridad y las operaciones avanzadas de correo garantizan que la comunicación sea más fiable y que esté protegida frente a posibles riesgos.

En esta unidad aprenderemos a crear y compartir citas y reuniones, a aprovechar la agenda de Outlook para gestionar tareas y notas, y a aplicar medidas de seguridad que refuercen la protección de los datos. También se explorarán algunas funciones avanzadas, como la configuración de respuestas automáticas o el uso de permisos en el buzón, que permiten un trabajo más completo y profesional.

Siguiendo con la historia de nuestro proyecto, Clara se centra en mostrar las opciones técnicas del calendario, la seguridad y las funciones avanzadas, mientras que Javier utiliza la agenda y las notas para llevar un control más detallado de las actividades y compromisos. Juntos comprobarán que Outlook es mucho más que un gestor de correo: es una herramienta integral para la organización personal y la colaboración segura en el entorno laboral.

2. Gestión del calendario: citas, reuniones y recordatorios

☞ **HILO CONDUCTOR**

A medida que avanza el proyecto, Javier necesita coordinar una reunión con el equipo y asegurarse de que todos reciban la convocatoria. Clara le enseña a crear una cita en el calendario, añadir los asistentes y enviar la invitación con un recordatorio automático. De esta manera, Javier consigue que todo el equipo esté informado y organizado sin necesidad de enviar correos individuales.

El calendario de Outlook es una herramienta integrada que permite **organizar la agenda de trabajo y personal** en un mismo lugar.

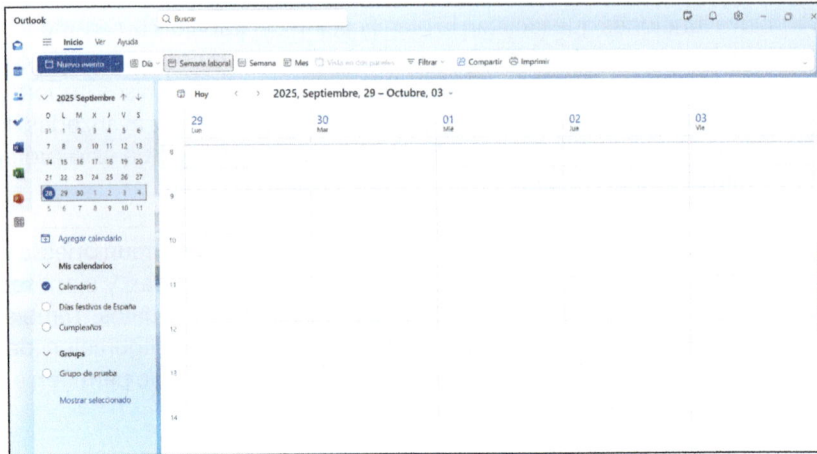

La planificación se organiza mediante **eventos.** Cada evento puede ser algo personal (una cita solo visible en tu calendario) o algo compartido con otras personas (una reunión). Además, se pueden añadir recordatorios para no olvidar los compromisos.

2.1. Citas

Una cita es un evento individual que se añade al calendario:

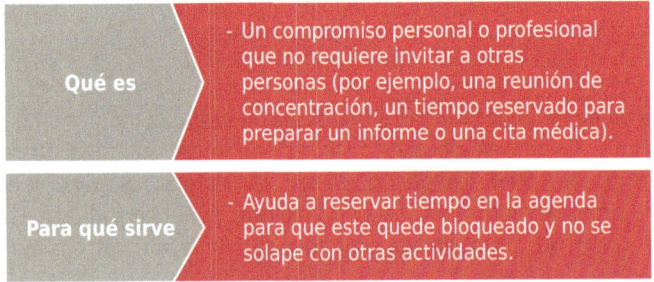

Qué es	- Un compromiso personal o profesional que no requiere invitar a otras personas (por ejemplo, una reunión de concentración, un tiempo reservado para preparar un informe o una cita médica).
Para qué sirve	- Ayuda a reservar tiempo en la agenda para que este quede bloqueado y no se solape con otras actividades.

Para usar las citas en Outlook hay que seguir estos pasos:

1. Hacer clic en **Nuevo evento → Evento:**

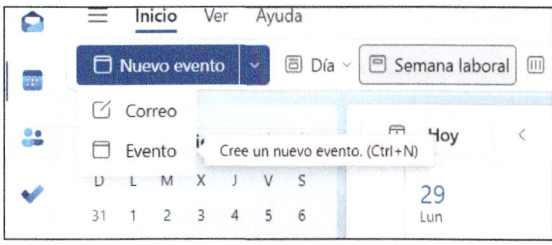

2. Indicar el título (por ejemplo: "Preparar informe mensual"), la fecha y la hora:

3. Añadir una ubicación o una nota opcional:

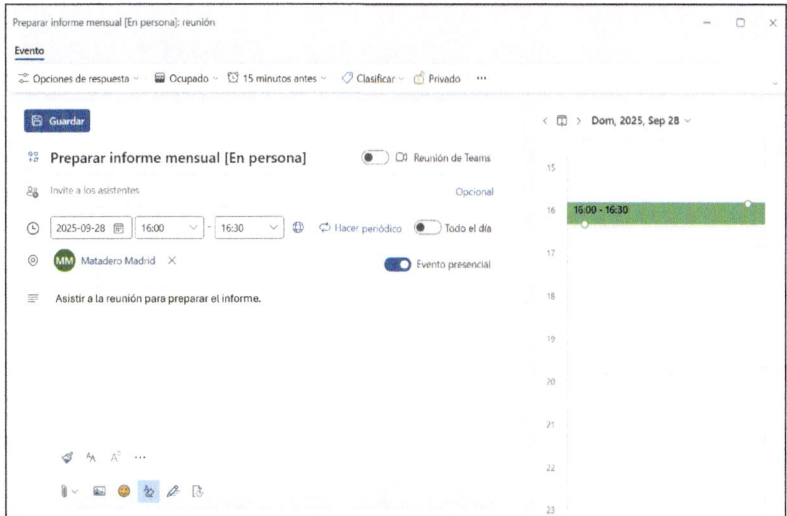

4. No añadas asistentes: de esta forma, el evento quedará guardado únicamente en tu calendario.
5. Guarda la cita y aparecerá en el calendario:

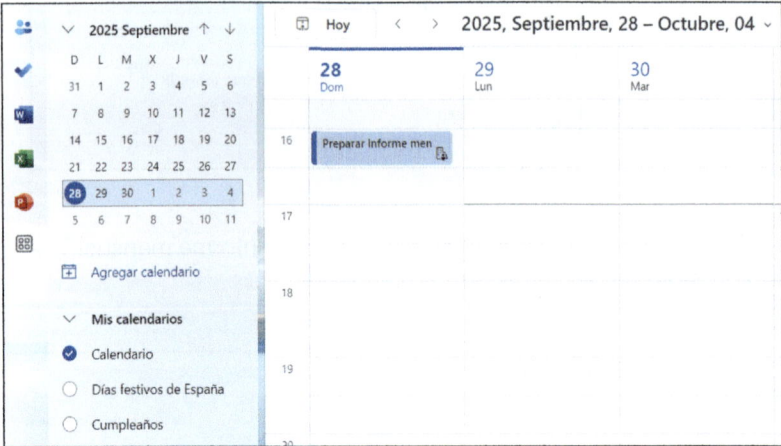

2.2. Reuniones

Una reunión es un evento en el que se invita a otras personas:

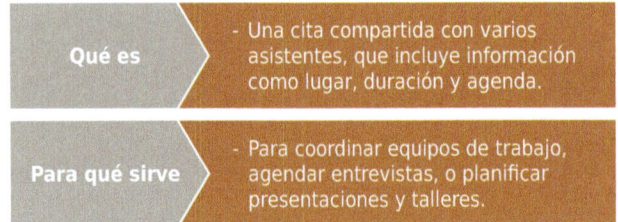

Para usar las reuniones en Outlook hay que seguir estos pasos:

1. Hacer clic en Nuevo evento → Evento.
2. Escribir el asunto de la reunión (por ejemplo: "Revisión del proyecto").

3. Seleccionar fecha, hora y ubicación (o enlace de *Teams/Zoom* si es virtual):

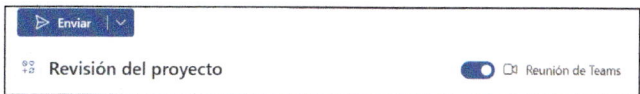

4. Añadir a los asistentes en el campo de invitación:

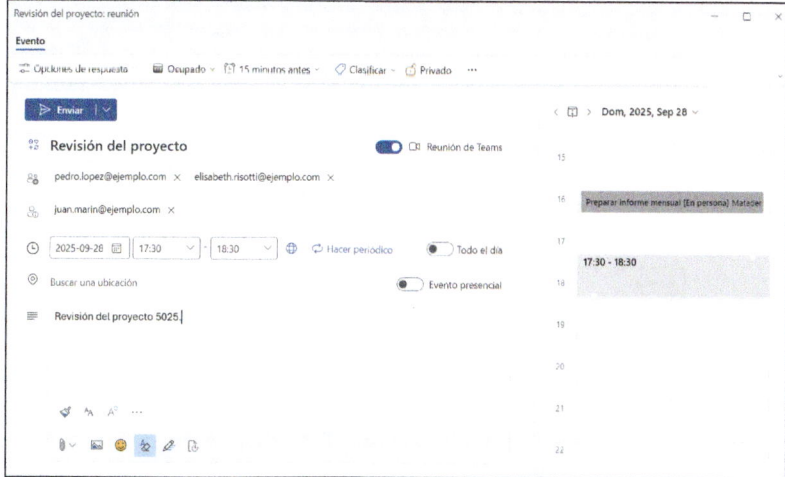

5. Enviar: cada invitado recibirá una notificación y podrá aceptar, rechazar o proponer otro horario.

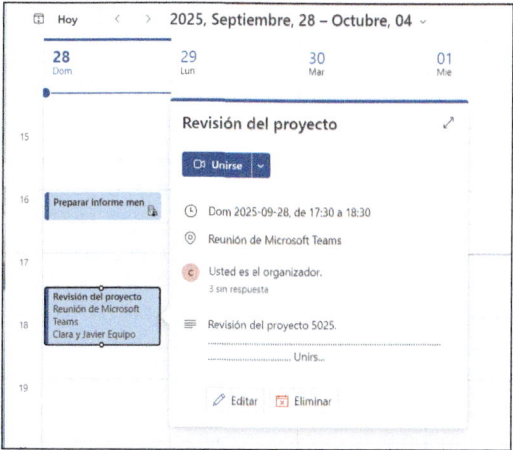

2.3. Recordatorios

Los recordatorios son avisos que Outlook muestra antes de que empiece un evento:

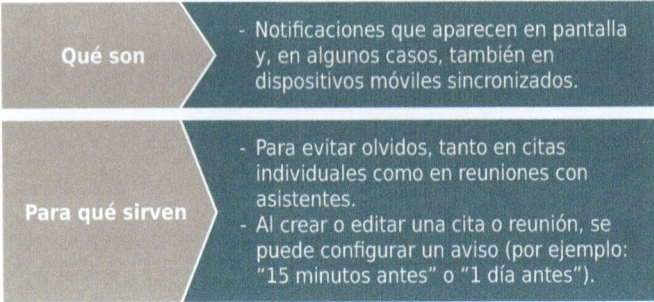

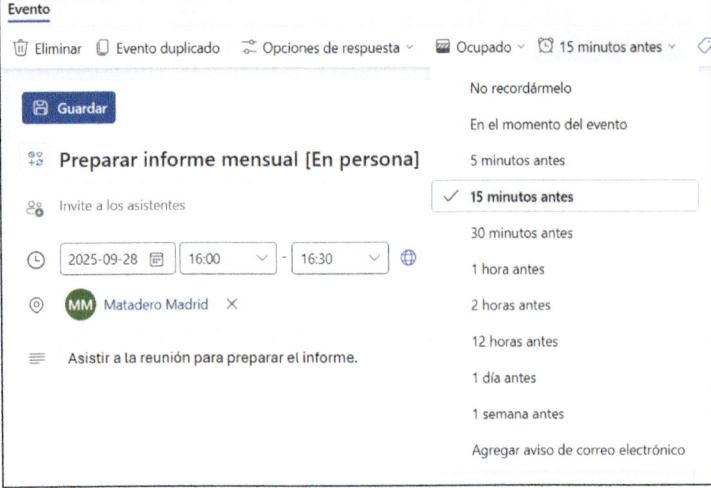

Cuando llega el momento, Outlook muestra una alerta con el nombre del evento y la opción de posponer o descartar el aviso.

Las principales **ventajas** del **calendario** de Outlook son las siguientes:

Centralizado

Reunir en un único espacio la agenda personal y profesional.

Organizado

Facilitar la planificación del tiempo mediante citas y reuniones.

Colaborativo

Coordinarse con otras personas gracias a las invitaciones automáticas.

Confiable

Asegurar la asistencia puntual con recordatorios personalizables.

 TAREA 3

En la empresa Aurin S. L., el equipo de proyectos está preparando el informe mensual. Melkor necesita organizar su tiempo y coordinar una reunión con sus compañeras. Para ello, debe:

1. Reservar un bloque personal en el calendario para trabajar sin interrupciones.
2. Programar una reunión con asistentes, incluyendo la agenda y el lugar (o enlace virtual).
3. Configurar recordatorios para no olvidar los eventos.

Simula el caso de Javier y realiza en Outlook las siguientes acciones:

- Crea una cita personal para reservar un bloque de concentración.
- Programa una reunión con dos contactos como asistentes.
- Configura recordatorios en ambos eventos.
- Revisa cómo se muestran en el calendario.

3. Uso de la agenda: tareas y notas para la productividad

☞ HILO CONDUCTOR

Javier suele trabajar con varias tareas abiertas y a veces le resulta difícil llevar un control de todo. Para evitar olvidos, Clara le muestra cómo usar la agenda de Outlook: allí registra las tareas pendientes con su fecha de vencimiento y añade notas rápidas, como recordatorios de detalles importantes. Así, Javier logra priorizar mejor su trabajo y no dejar nada sin hacer.

- -

La agenda de Outlook está compuesta por dos elementos principales: **Tareas** y **Notas**. Ambas opciones permiten organizar la información de manera rápida y práctica, funcionando como un complemento ideal al calendario.

3.1. Tareas

El apartado **Tareas** (integrado con *Microsoft To Do)* permite llevar un control de actividades pendientes:

- ⮑ **Qué son.** Elementos que representan compromisos por realizar, con fecha de vencimiento o, simplemente, pendientes.
- ⮑ **Cómo se muestran.** En la vista lateral izquierda aparecen apartados como **Mi día, Importante, Planeado** o **Correo electrónico marcado**.
- ⮑ **Cómo usarlas:**

  1. Entra en **Tareas:**

2. Haz clic en **Agregar una tarea.**
3. Escribe el nombre de la actividad (por ejemplo: "Preparar propuesta de cliente"):

4. Opcionalmente, añade detalles, como un recordatorio, una fecha de vencimiento o la prioridad:

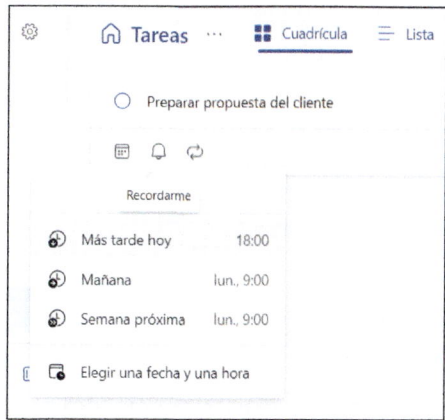

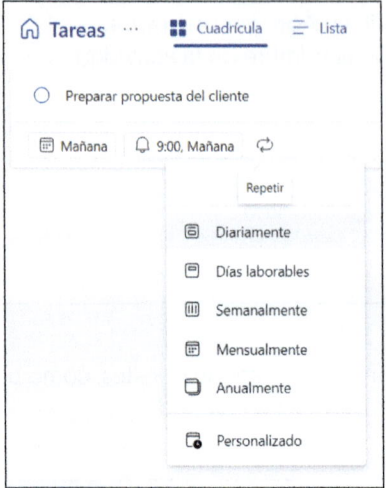

5. Guarda la tarea:

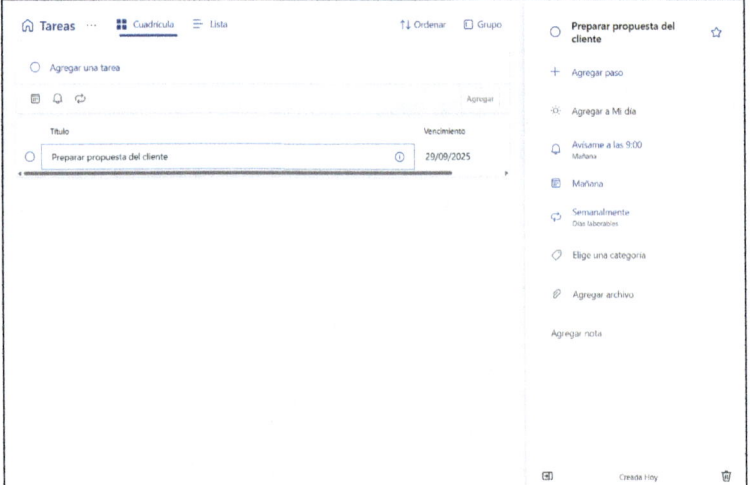

👁 **EJEMPLO**

Crear una tarea llamada "Enviar informe trimestral" y añadir un recordatorio para el viernes a las 10:00.

Los subapartados del panel lateral en **Tareas** de Outlook son los siguientes:

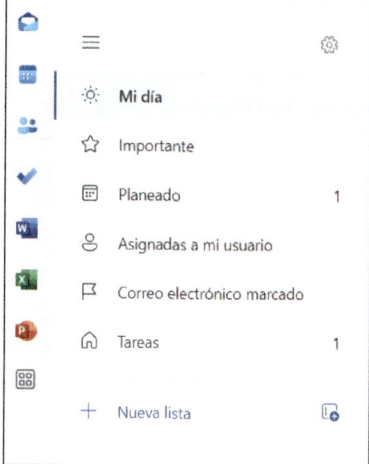

Se organiza en diferentes apartados que facilitan la gestión del trabajo diario, permitiendo clasificar actividades, correos y recordatorios de manera clara:

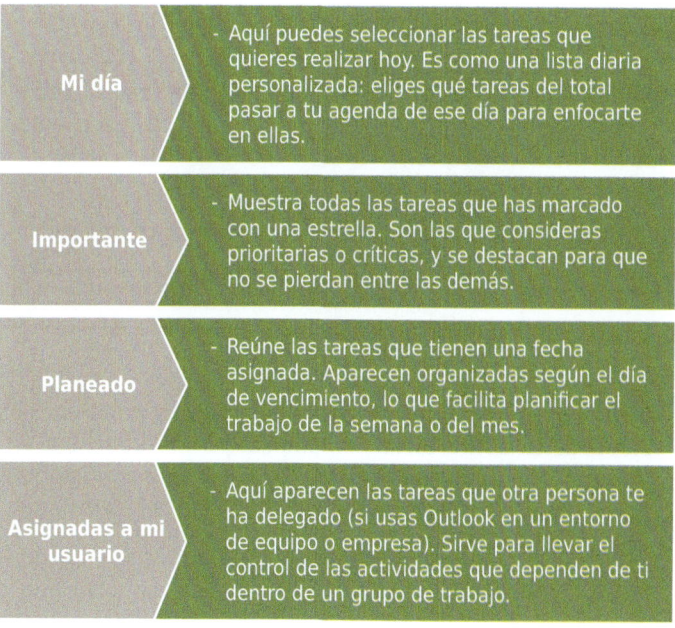

Mi día	- Aquí puedes seleccionar las tareas que quieres realizar hoy. Es como una lista diaria personalizada: eliges qué tareas del total pasar a tu agenda de ese día para enfocarte en ellas.
Importante	- Muestra todas las tareas que has marcado con una estrella. Son las que consideras prioritarias o críticas, y se destacan para que no se pierdan entre las demás.
Planeado	- Reúne las tareas que tienen una fecha asignada. Aparecen organizadas según el día de vencimiento, lo que facilita planificar el trabajo de la semana o del mes.
Asignadas a mi usuario	- Aquí aparecen las tareas que otra persona te ha delegado (si usas Outlook en un entorno de equipo o empresa). Sirve para llevar el control de las actividades que dependen de ti dentro de un grupo de trabajo.

Continúa en página siguiente >>

<< Viene de página anterior

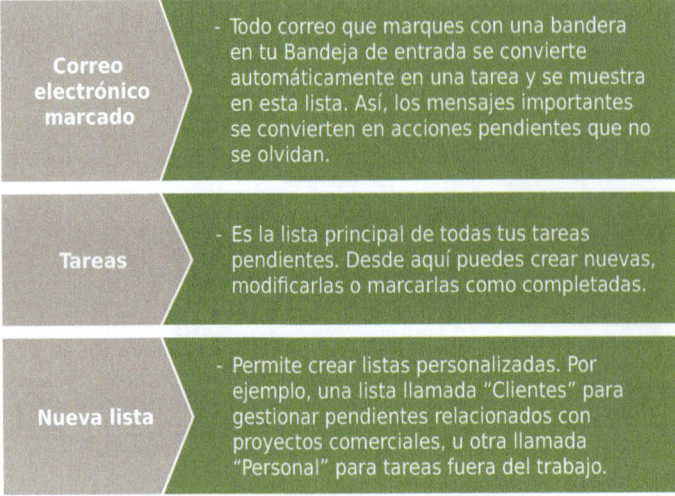

Correo electrónico marcado	- Todo correo que marques con una bandera en tu Bandeja de entrada se convierte automáticamente en una tarea y se muestra en esta lista. Así, los mensajes importantes se convierten en acciones pendientes que no se olvidan.
Tareas	- Es la lista principal de todas tus tareas pendientes. Desde aquí puedes crear nuevas, modificarlas o marcarlas como completadas.
Nueva lista	- Permite crear listas personalizadas. Por ejemplo, una lista llamada "Clientes" para gestionar pendientes relacionados con proyectos comerciales, u otra llamada "Personal" para tareas fuera del trabajo.

Al estar integradas con el correo, se pueden convertir en tareas los mensajes marcados para seguimiento, asegurando que nada se quede sin atender.

Los pasos para **convertir un correo en una tarea** en Outlook son los siguientes:

➲ **Abrir el buzón.** Entra en la Bandeja de entrada y localiza el correo que quieres marcar para seguimiento (por ejemplo, un cliente que te pide enviar un presupuesto):

➲ **Marcar el correo.** El correo se marcará haciendo clic en la bandera.
➲ **Visualizarlo como tarea.** Automáticamente aparecerá en **Tareas** de Outlook (y también en *Microsoft To Do* si lo tienes sincronizado):

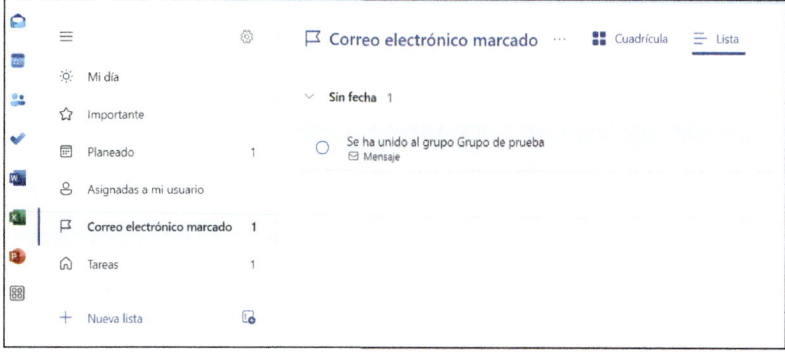

➲ **Gestionar la tarea.** Desde la lista de tareas, podrás ver ese correo y gestionarlo:

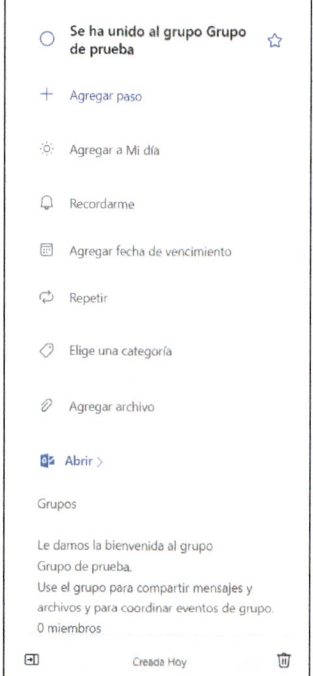

El sistema permite gestionarlo como una tarea normal.

 **EJEMPLO**

Recibes un correo de Pedro López con el asunto "Enviar factura pendiente".

Lo marcas para seguimiento: esta semana.

Outlook lo añade a tu lista de tareas.

El viernes, cuando hayas enviado la factura, marcas la tarea como completada y desaparece de la lista.

3.2. Notas

El apartado **Notas** funciona como un bloc de apuntes digitales:

- ⮞ **Qué son.** Anotaciones rápidas que permiten guardar información breve sin necesidad de redactar un documento o un correo.
- ⮞ **Cómo se muestran.** Aparece un panel donde se listan las notas creadas, con la opción de organizarlas por color o por categorías.
- ⮞ **Cómo usarlas:**

  1. Entra en **Notas:**

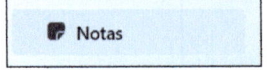

  2. Haz clic en **Nueva nota:**

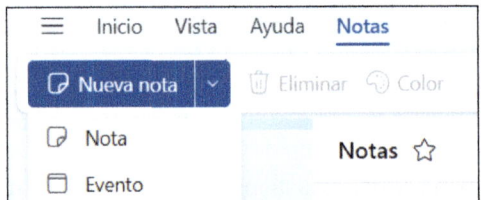

3. Escribe el texto breve (por ejemplo: "Llamar a proveedor antes de las 17:00"):

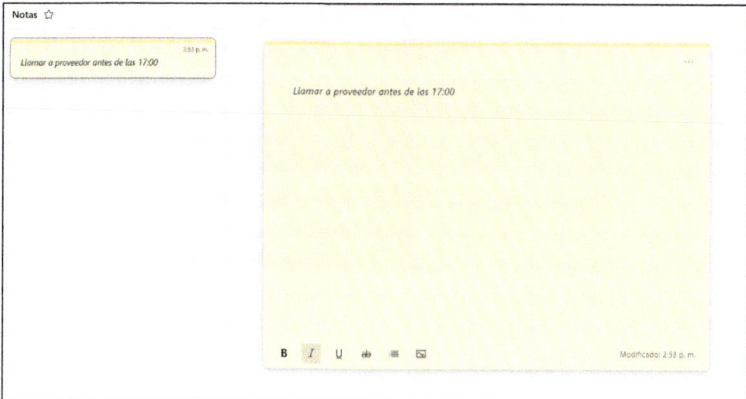

4. La nota queda guardada automáticamente y está disponible para consulta en cualquier momento.

 EJEMPLO

Crear una nota rápida con el texto "Clave wifi de la sala de reuniones: 2025Net" para tenerla a mano durante una presentación.

NOTA

La principal ventaja de las notas es que funcionan como un *post-it* digital, y que siempre están accesibles dentro de Outlook.

La agenda de Outlook es:

Organizada	- Permite llevar un control claro de las tareas pendientes.
Práctica	- Facilita anotar información breve con las notas.
Integrada	- Conecta tareas y correos, evitando olvidos.
Accesible	- Todo se sincroniza y está disponible desde cualquier dispositivo con Outlook.

ACTIVIDAD COMPLEMENTARIA

3. Investiga cómo se utilizará la agenda de Outlook para gestionar tareas y notas, y analizarás qué beneficios tendrá este recurso para la organización personal y laboral.

¿Qué diferencia existe entre usar **Tareas** y usar **Notas** en Outlook?

¿Qué ventajas aporta que los correos marcados con bandera se conviertan automáticamente en tareas dentro de la agenda?

4. Seguridad y operaciones avanzadas: protección, buenas prácticas y funciones adicionales

HILO CONDUCTOR

En una ocasión, Javier recibe un correo sospechoso con un archivo adjunto. Antes de abrirlo, Clara le explica cómo identificar mensajes de riesgo y qué medidas

Continúa en página siguiente >>

<< Viene de página anterior

aplicar para trabajar de forma segura en Outlook. Además, le enseña a configurar respuestas automáticas y a usar funciones avanzadas del buzón, como delegar permisos, que facilitan la organización del trabajo sin comprometer la seguridad.

El correo electrónico es una herramienta fundamental en el trabajo, pero también es una de las principales puertas de entrada a riesgos digitales como virus, fraudes o suplantaciones de identidad.

4.1. Protección

Outlook incluye varias funciones de **seguridad** y herramientas avanzadas que ayudan a proteger la información y a trabajar de manera más eficiente:

- **Correo no deseado** *(spam).* Outlook detecta automáticamente mensajes sospechosos y los envía a la carpeta Correo no deseado.
- **Bloquear remitentes.** Se pueden añadir direcciones a una lista de bloqueo para que sus correos no lleguen a la Bandeja de entrada. Para ello:

  - Abre el correo de la persona o dirección que quieres bloquear.
  - Haz clic en los tres puntos de la parte superior del mensaje.
  - Selecciona **Bloquear.**
  - Confirma la acción.

- **Alertas de seguridad.** Outlook muestra advertencias automáticas en algunos correos si contienen enlaces peligrosos o archivos adjuntos no seguros.

👁 EJEMPLO

Recibes un correo con el asunto "Factura pendiente" de un remitente desconocido. Outlook lo marca como sospechoso y lo coloca en Correo no deseado. Si confirmas que es *spam*, puedes bloquear esa dirección para que no vuelva a molestarte.

4.2. Buenas prácticas de seguridad

Aunque Outlook ayuda a filtrar amenazas, es importante seguir ciertos hábitos:

1. No abrir archivos adjuntos de remitentes desconocidos.
2. Revisar bien la dirección del remitente para evitar caer en correos falsos *(phishing)*.
3. Usar contraseñas seguras y cambiarlas con cierta frecuencia.
4. Activar la autenticación en dos pasos (si está disponible).
5. Evitar conectarse a Outlook desde redes wifi públicas sin protección.

 CONSEJO

Si un correo parece extraño, lo mejor es no interactuar con él y borrarlo directamente.

4.3. Funciones avanzadas del correo y del buzón

Además de la seguridad, Outlook dispone de opciones que mejoran la gestión del correo:

Respuestas automáticas
- Permiten enviar un mensaje de aviso cuando no estarás disponible (por ejemplo, en vacaciones o durante viajes de trabajo).

Delegar permisos
- Se puede autorizar a otra persona a gestionar el calendario o el buzón en tu nombre (resulta útil en equipos de secretaría o dirección).

Reglas avanzadas
- No solo sirven para mover correos, sino también para aplicar condiciones más complejas (por ejemplo, reenviar mensajes con ciertos adjuntos a otro departamento).

Continúa en página siguiente >>

<< Viene de página anterior

Archivado y búsqueda avanzada
- Facilita encontrar correos antiguos y mantener el buzón ordenado sin necesidad de eliminarlo todo.

 **EJEMPLO**

Antes de irte de vacaciones, activas una respuesta automática que dice "Estoy fuera de la oficina hasta el día 10. Para asuntos urgentes, contacte con Marta en marta@ejemplo.com". Así, los remitentes reciben información inmediata y saben a quién dirigirse.

Para ello, tienes que ir al menú **Configuración** y, en **Respuestas automáticas,** activar la opción y personalizar los campos:

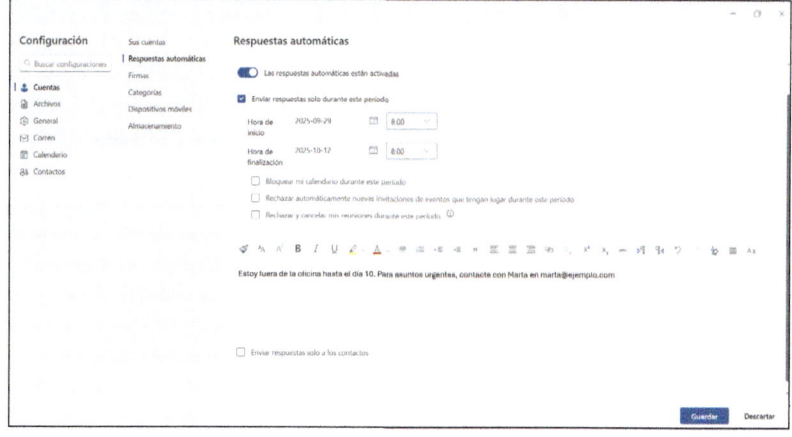

 **APLICACIÓN PRÁCTICA**

Un usuario recibe un mensaje con el asunto "Factura pendiente" procedente de una dirección desconocida. La aplicación de correo lo

Continúa en página siguiente >>

<< Viene de página anterior

marca como sospechoso y lo mueve a la carpeta Correo no deseado. El usuario duda entre abrirlo o eliminarlo.

¿Cuál de las siguientes acciones sería la más adecuada en este caso para garantizar la seguridad y evitar riesgos?

a. **Abrir el correo para comprobar si realmente se trata de una factura pendiente.**
b. **Eliminar directamente el mensaje y bloquear al remitente para que no vuelva a llegar a la Bandeja de entrada.**
c. **Reenviar el correo a varios compañeros para preguntarles si también lo han recibido.**
d. **Guardar el archivo adjunto en el ordenador para analizarlo más tarde sin conexión.**

Solución

Abrir un correo sospechoso incrementa el riesgo de activar enlaces maliciosos o archivos infectados. Reenviar el mensaje a otras personas puede propagar la amenaza dentro de la organización. Guardar un adjunto dudoso, incluso sin conexión, supone un riesgo de infección si se abre accidentalmente. Eliminar el mensaje y bloquear al remitente es la práctica recomendada, ya que evita la exposición al contenido malicioso y previene futuros intentos del mismo origen. Por lo que la respuesta correcta sería la b.

---

5. Resumen

Outlook incluye herramientas que ayudan a organizar el tiempo, aumentar la productividad y trabajar de forma segura.

El calendario centraliza citas, reuniones y recordatorios:

Citas - Eventos individuales que bloquean tiempo en la agenda sin invitar a otras personas.

Continúa en página siguiente >>

<< Viene de página anterior

Reuniones	- Eventos compartidos con asistentes, que reciben invitaciones y pueden aceptar o proponer cambios.
Recordatorios	- Avisos automáticos antes de los eventos, configurables para evitar olvidos.

La agenda combina **tareas y notas** como complemento del calendario.

Tareas	Notas
- Actividades pendientes, con fecha límite, prioridad o recordatorio. Se integran con el correo (por ejemplo, un *e-mail* marcado como pendiente se convierte en tarea).	- Apuntes rápidos, tipo *post-it* digital, útiles para no olvidar detalles concretos (por ejemplo, una clave wifi o un número de teléfono).

Outlook protege frente a riesgos digitales y ofrece funciones extra para gestionar mejor el correo.

Protección
- Detección de *spam,* bloqueo de remitentes y alertas de seguridad ante archivos o enlaces sospechosos.

Buenas prácticas
- No abrir adjuntos desconocidos, revisar remitentes, usar contraseñas seguras y doble autenticación, evitar redes wifi públicas.

Funciones avanzadas
- Respuestas automáticas (fuera de oficina), delegar permisos, crear reglas complejas, usar archivado y búsqueda avanzada para mantener orden.

Ejercicios de autoevaluación
Unidad de Aprendizaje 3

1. ¿Qué diferencia hay entre una cita y una reunión en Outlook?

    a. La cita es individual; la reunión implica a varios asistentes.
    b. La cita siempre es virtual y la reunión presencial.
    c. La cita incluye agenda y la reunión no.
    d. No existe diferencia, son lo mismo.

2. ¿Qué utilidad tienen los recordatorios en el calendario de Outlook?

    a. Guardar correos antiguos en una carpeta aparte.
    b. Enviar respuestas automáticas a los asistentes.
    c. Avisar antes de que empiece un evento para evitar olvidos.
    d. Convertir los correos en tareas automáticamente.

3. ¿Cuál de las siguientes opciones describe mejor las tareas en Outlook?

    a. Compromisos pendientes con fecha de vencimiento o prioridad
    b. Mensajes que se guardan como borradores
    c. Archivos adjuntos que requieren seguimiento
    d. Notas rápidas para recordar datos simples

4. ¿Cuál es la principal ventaja de las notas en Outlook?

    a. Funcionan como un *post*-it digital accesible siempre dentro de la aplicación.
    b. Sirven para planificar actividades con fechas límite.
    c. Se convierten automáticamente en correos electrónicos.
    d. Solo se pueden usar en la versión web.

5. ¿Qué hábito de seguridad es recomendable al usar Outlook?

    a. Abrir archivos adjuntos de remitentes desconocidos.
    b. Revisar bien la dirección del remitente para evitar fraudes.
    c. Desactivar la autenticación en dos pasos.
    d. Usar siempre redes wifi públicas sin protección.

6. ¿Qué función avanzada permite que otra persona gestione tu calendario o buzón?

    a. Archivado automático
    b. Delegar permisos.
    c. Recordatorios recurrentes
    d. CCO en los correos

7. Un usuario recibe un correo con el asunto "Factura pendiente" de un remitente desconocido. ¿Qué debe hacer?

    a. Abrir el correo para comprobarlo.
    b. Guardar el adjunto en su ordenador.
    c. Reenviar el mensaje a otros compañeros.
    d. Eliminar el correo y bloquear al remitente.

8. Indica si las siguientes oraciones son verdaderas o falsas:

    a. El calendario de Outlook permite crear tanto citas individuales como reuniones compartidas.

        ■ Verdadero
        ■ Falso

    b. Los recordatorios aparecen únicamente en la versión web de Outlook.

        ■ Verdadero
        ■ Falso

    c. Los recordatorios pueden configurarse para que salten minutos, horas o incluso días antes de un evento.

        ■ Verdadero
        ■ Falso

9. Indica si las siguientes oraciones son verdaderas o falsas:

a. Las tareas permiten planificar actividades con fechas límite, recordatorios y prioridades.

- ■ Verdadero
- ■ Falso

b. Las notas funcionan como apuntes rápidos similares a un *post-it* digital.

- ■ Verdadero
- ■ Falso

c. Los correos marcados con una bandera pueden convertirse automáticamente en tareas.

- ■ Verdadero
- ■ Falso

10. Indica si las siguientes oraciones son verdaderas o falsas:

a. Outlook detecta correos sospechosos y los mueve a la carpeta Correo no deseado.

- ■ Verdadero
- ■ Falso

b. Configurar respuestas automáticas permite informar de ausencias a quienes envíen correos.

- ■ Verdadero
- ■ Falso

c. Delegar permisos en Outlook significa dar acceso a otra persona para que gestione tu calendario o buzón.

- ■ Verdadero
- ■ Falso

Glosario

Alertas de seguridad
Avisos que muestra Outlook cuando detecta enlaces o archivos sospechosos dentro de un correo.

Archivado
Herramienta para mover correos antiguos a una carpeta de archivo, que permite mantener ordenada la Bandeja de entrada sin necesidad de eliminar dichos correos.

Bandeja de entrada
Carpeta principal donde llegan todos los correos electrónicos recibidos.

Borradores
Carpeta en la que se almacenan los mensajes que empezaste a redactar, pero aún no has enviado.

Calendario
Herramienta integrada para programar citas, reuniones y eventos con recordatorios.

Carpetas
Espacios dentro de Outlook que ayudan a organizar correos, como Clientes, Proyectos o Facturas.

Categorías
Etiquetas de colores que sirven para clasificar y localizar rápidamente correos, tareas o citas.

Contactos
Sección donde se almacenan los datos de las personas con las que te comunicas (nombre, correo, teléfono, etc.).

Correo electrónico marcado

Función que permite marcar un mensaje con una bandera, para recordar que hay que atenderlo más tarde.

Correo no deseado (spam)

Carpeta donde Outlook envía automáticamente los mensajes sospechosos de publicidad o fraude.

Delegar permisos

Opción que permite autorizar a otra persona a gestionar tu Bandeja de entrada o tu calendario en tu nombre.

Notas

Funcionalidad para guardar recordatorios rápidos o información breve, como si fueran post-its digitales.

Panel de lectura

ÁRea que permite visualizar el contenido de un correo seleccionado sin abrirlo en una nueva ventana.

Panel de navegación

Zona lateral desde la que se accede a las distintas secciones: correo, calendario, tareas, contactos, etc.

Reglas de vista

Opciones que permiten cambiar la forma en la que se muestra la lista de correos: por fecha, importancia, conversaciones, etc.

Reglas

Instrucciones automáticas que organizan los correos al llegar; por ejemplo, moverlos a carpetas específicas o marcarlos como leídos.

Respuestas automáticas

Mensajes configurados para que Outlook responda de forma automática cuando no estás disponible (por ejemplo, en vacaciones).

Tareas

Apartado que permite crear, organizar y hacer seguimiento de actividades pendientes.

Vista previa del mensaje

Función que permite leer las primeras líneas de un correo sin necesidad de abrirlo en otra ventana.

Bibliografía

Monografías

→ DEMARET, L.: *Outlook (versiones 2019 y Office 365): gestione sus e-mails con eficacia*. Barcelona: ENI Ediciones, 2019.

> Este libro es un manual práctico pensado para quienes desean sacar el máximo partido a *Microsoft* Outlook en sus versiones 2019 y *Office 365*. Presenta de manera progresiva las funciones esenciales de la aplicación y ofrece buenas prácticas para gestionar el gran volumen de correos recibidos a diario, además de consejos para organizar la comunicación de forma clara y eficaz.

Textos electrónicos

→ Entorno Microsoft 365: Outlook, de:
<https://www.um.es/documents/1896321/34561707/06-Entorno-Microsoft365-OUTLOOK.pdf>.

> Este material formativo, elaborado por la Universidad de Murcia, introduce al usuario en el entorno de *Microsoft 365* con énfasis en Outlook. A lo largo de la presentación se explican las principales funciones del correo electrónico institucional, la organización del calendario y el uso de herramientas de productividad integradas en la *suite* de *Microsoft*.

→ Guía de configuración en Microsoft Outlook (Office 365), de:
<https://qinnova.uned.es/archivos_publicos/qweb_paginas/16290/emailconfiguracionmicrosoftoutlook.pdf>.

> Este manual técnico del Centro de Tecnología de la UNED ofrece una guía detallada para la correcta configuración del correo institucional en *Microsoft* Outlook dentro del entorno *Office 365*. Explica de forma clara las diferencias entre los protocolos POP e IMAP, proporciona instrucciones paso a paso para la configuración de cuentas y destaca las recomendaciones de seguridad necesarias para un uso eficaz del correo académico y profesional.

→ Manual para configurar el correo en Outlook, de: <https://www.cop.es/manuales/MANUAL-OUTLOOK.pdf>.

Este manual es una guía práctica elaborada por el Consejo General de la Psicología de España para ayudar a sus usuarios a configurar correctamente la cuenta institucional de correo electrónico en *Microsoft* Outlook. Presenta instrucciones paso a paso ilustradas con capturas de pantalla, lo que facilita el proceso incluso a personas con poca experiencia técnica.